Zähneputzen nicht vergessen!
Das Akrostichon
Das Elfchen
Unterwegs (be)schreiben: Der Himmel ein graues Wolltuch
Was ist hier geschehen und wer ist diese Person?
Kleine Himmel
Die Geschichte eines Gegenstandes
Ein Buchstabe anders
Das Gegenteil
Mit anderen Worten
Die Ostsee im Badezimmer, der Gipfel der Zugspitze in der Abstellkammer
Listen
Mut zur Eskalation – alles ist super!
Fremde Zettel
Ohne Worte

Dritter Teil: Veröffentlichen

Das innere Team
Absagen? Abhaken!

Warum überhaupt *schreiben*?

Fragt man Menschen nach ihren Lebensträumen, kommt “ein Buch schreiben” ziemlich kurz nach Haus, Kind, Baum. Ein Buch, was ist das? Ein magischer Gegenstand, dessen Faszination sich nicht aufbraucht. Ein Buch ist ein Zuhause, das nach innen führt und in seinen Räumen Welten trägt. Ein Buch ist eine Reise, die ich mit leerem Koffer antrete und von der ich mit Übergepäck zurückkehren kann. Bücher sind von anderen Menschen geschrieben und erzählen meine Geschichte...

Für das Schreiben gibt es so viele Gründe, wie es Autoren gibt. Viele haben den Wunsch, etwas zu bewahren oder weiterzugeben, manche wollen der eigenen Sterblichkeit ein Schnippchen schlagen und etwas schaffen, das sie selbst überdauert. Es gibt die, die Unerhörtes zu Papier bringen wollen und die Berichtenden, die sich ans Tatsächliche halten. Einige machen ihr eigenes Leben zum Thema, andere erzählen ausschließlich über das der anderen. Es werden unzählige Bücher über die Liebe geschrieben und etliche über die Kriege in und um uns. Bei manchen beginnt das Schreiben mit dem Wunsch, einen Roman zu verfassen, bei anderen geht es einfach um die Freude am Schreiben und der Roman wächst aus der Fülle des Arbeitens.

Schreiben ist eine intime Tätigkeit und bleibt zunächst im Unsichtbaren. Die Bereitschaft, seine Texte zu zeigen, ist ganz unterschiedlich. Manche schreiben ausschließlich für sich allein, andere für Freunde und Familie und viele wünschen sich eine große Leserschaft für ihre Texte. Der fremde Blick auf den Text kann ängstigen oder beflügeln. Das Veröffentlichen von Texten ist für die meisten Schreibenden ein bedeutsamer Schritt. Und auch dafür gibt es eine ganze Reihe unterschiedlicher Möglichkeiten. Zunächst aber geht es um das Schreiben an sich und wie wir es in unserem Leben beheimaten, bevor die entstandenen Texte uns dann wieder verlassen und ihren Weg in die Welt finden.

Warum dieses Workbook?

Dieses Workbook enthält nur wenig abstrakte Theorie, aber viele Erkenntnisse, wie Menschen ihre Kreativität fördern können und diese gestalterische Energie ins Schreiben lenken können. Wer schreiben will, soll spielen dürfen. Und deshalb finden sich in diesem Workbook an jeder Stelle Impulse, die das eigene Denken in einen Freiraum einladen oder die in kleine Handlungen umgesetzt werden können. Warum so klein? Weil das die Wahrscheinlichkeit sehr erhöht, dass der Impuls wirksam wird. Dieses Buch ist für alle, die gerne "mal eben", "nur ganz kurz", "eine Minute" oder "schnell mal" ihr Schreiben beleben wollen. Mehr braucht es gar nicht. Dinge, die wir im Kleinen gerne tun, breiten sich ganz von alleine in unserem Leben aus.

Die Autorin *Alexandra Lüthen*

Alexandra Lüthen hat als Autorin zwei Romane, zwei Erzählbände, ein Sachbuch und einen Schreibratgeber veröffentlicht. Viele ihrer Texte wurden ausgezeichnet. Sie lebt in Berlin und arbeitet als Autorin, Lektorin und Coach. Sie ermutigt Menschen, ihr Schreiben lustvoll zu leben und damit im Ergebnis auch literarisch erfolgreich zu sein. Wenn Erfolgswunsch, Selbstzweifel oder Deadlines drücken, ist es Zeit, wieder ins Spiel zu kommen mit sich und der eigenen Kreativität. Vertraue dem Prozess und das Ziel kommt dir entgegen.

Erster Teil

Philosophie & Grundsätzliches

Sein kommt vor Machen

Hier in diesem Workbook betrachte ich das Schreiben ausgehend von den Ursprüngen auf dem vergnüglichen Weg des Erzählens. Daraus folgen Texte und später auch ein Werk, das dann im Buchhandel erworben werden kann. Ein Buch ist nichts, das man sich ausdenken muss, ein Buch entsteht aus der Arbeit, die wir ohnehin tun. Wir können davon ausgehen, dass wir als Schriftstellerin das Buch längst in uns tragen und wir es früher oder später schreiben werden. Unsere erste Aufgabe ist es, gute Schriftstellerinnen zu sein. Und je mehr wir das Schreiben in seinen Anfängen kultivieren, desto leichter kommen später Technik und Handwerk dazu. Bei den Dingen, die wir lieben, die wir häufig tun, weil sie uns interessieren, weil sie wesentlich für uns sind, werden wir in der Regel ganz von selbst besser und besser. Die Herausforderungen sind reizvoll statt anstrengend, die Arbeit ist selbstverständlich. Phasen von Unlust kommen vor, machen uns aber keine Angst, das ganze Schreiben wäre in Gefahr. Es ist wichtig, die Wurzeln des eigenen Schreibens zu kennen und zu pflegen, den ganzen Prozess des Werdens zu sehen, sich am Grün an sich zu freuen, als nur nach Blüte und Frucht zu schielen. Die kommen immer wieder, wenn das Schreiben an sich lebendig ist und gut genährt wird.

Ein paar Sätze zu Kritik: Kritik ist wichtig und wertvoll. Ein anderer Blick auf den Text kann sehr hilfreich sein, um Stellen zu entdecken, die verbessert werden können. Manchmal brauchen wir vielleicht einfach einen Impuls, um mit dem Schreiben weiterzukommen. Allein die Frage „Wie geht es weiter?“ kann uns anregen, die Erzählung fortzuspinnen. An Kritiker:innen gibt es in der Regel keinen Mangel. Wählen Sie weise, wem Sie Ihren Text anvertrauen. Es sollte eine Person sein, die Ihren Text im Grundsatz liebt und zwar so sehr, dass sie sieht, was aus ihm werden kann und konstruktive Hinweise gibt, wie das gelingen könnte. Mit frenetischer Begeisterung oder einem Generalverriss ist Ihnen nicht geholfen. Sie brauchen Personen, die wertschätzend mit Ihnen als Person und Ihrer Arbeit umgehen und sich gleichzeitig ernsthaft und aufrichtig mit dem Text befassen und mit Ihnen daran arbeiten, dass er stärker wird, mehr in die Richtung geht, in die sie ihn geschrieben haben. Ich kenne viele Schreibende, die lange nicht über vernichtende Kritik hinweggekommen sind und deren Schreibprozess dadurch ernsthaft beschädigt wurde. Und ich kenne Schreibende, deren Schreiben trotz hoher Produktivität stagniert, weil das immer gleiche Lob der immer gleichen Leser für die immer gleiche Art von Texten so verlässlich satt macht und keine Entwicklung mehr notwendig scheint. Ich empfehle eine stabile Grundlage an Vertrauen in den eigenen Stil und wertschätzende, konstruktive Kritik zur Weiterentwicklung.

Vertrauen

Angst ist die Gegenspielerin der Lust am Gestalten. Wer Angst hat, nicht kreativ genug zu sein oder fehlerhafte Ergebnisse zu produzieren, für die man sich anschließend schämt, kommt viel schwerer in die freien Regionen des lustvollen Schreibens. Mit angezogener Handbremse zu fahren, treibt den Energieverbrauch extrem nach oben, es fängt an zu stinken und man steigt frustriert wieder aus. Aber wie geht das mit der lustvollen Kreativität, wenn die Angst schon da ist? Oft sind es die sehr kontrollierten Menschen, die Angst vor Fehlern haben. Menschen, denen Regeln wichtig sind und die es "richtig machen" wollen, was auch immer. Sie müssen keine andere Person werden. Nutzen Sie Ihr eigenes System. Stellen Sie Regeln auf und halten Sie sich daran. Entscheiden Sie sich für Vertrauen. Ja, richtig gelesen, Vertrauen ist eine Entscheidung, die Sie treffen können. Aus dem einfachen Grund, weil es nützlich für Sie ist. Sie wollen eine gute Schriftstellerin sein? Dann sorgen Sie ab jetzt dafür, dass diese Schriftstellerin akzeptable Arbeitsbedingungen hat. Das ist sinnvoll. Entscheiden Sie im Sinne dieser Schriftstellerin. Sie braucht Raum, sie braucht Zeit, sie braucht jemanden, der hinter ihr steht. Und das sind Sie. Sie sind erwachsen, Sie haben die Möglichkeiten, dieser Schriftstellerin das zu geben, was sie braucht, um sich gut zu entwickeln. Eine Arbeitsatmosphäre, in der jede Idee, jedes Wort, jede Notiz sofort geprüft und bewertet wird, kann realistischerweise kein künstlerisches Werk hervorbringen. Deshalb: Seien Sie realistisch. Stellen Sie Regeln auf, die funktionieren. Setzen Sie das durch und seien Sie hart mit ihrem inneren Kritiker. Schicken Sie ihn dahin, wo er keinen Schaden anrichten kann (lassen Sie ihn die Besteckschublade sortieren oder den Badezimmerschrank putzen, irgendetwas

Der innere Kritiker darf das Buch erst später lesen!

wo seine Pedanterie Ihnen von Nutzen ist).

Aber: Bei strengster Strafe ist dem inneren Kritiker verboten, sich dem Raum der Schriftstellerin auch nur zu nähern. Die braucht Ruhe und Sicherheit, damit sie gut arbeiten kann. Hier geschieht Wachstum. Nein, auch nicht "nur mal gucken" darf der innere Kritiker. Wenn ihm Erfolg so wichtig ist, kann er ja später das Buch lesen. Er soll sich heraushalten aus Prozessen, die er ohnehin nicht versteht.

Fehler *machen*

Wir sind gesellschaftlich darauf gepolt, Fehler zu vermeiden. Vom Ergebnis aus gedacht ist das auch ganz richtig. Das Ergebnis soll schließlich fehlerfrei sein. Aber wie kommt man zu einem fehlerfreien Wunschergebnis? Indem man die notwendigen Fehler vorher macht. Und sie nicht als solche etikettiert. Fehler sind oft einfach Erfahrungen, wie wir sie auch sonst im Leben machen. Beziehungspartner waren vielleicht nicht die passenden, aber keine Fehler. Die neue Frisur, die dann doch ein bisschen zu neu für das alte Leben ist – kein Fehler, ein Übergang. Schreiben ist bei den meisten von uns mit Erfahrungen aus der Schulzeit verknüpft und damit mit einem Bewertungssystem, das inhaltliche Ergebnisse auf einer Notenskala bewertet und Fehler hervorhebt. Nicht wenige künstlerisch arbeitende Menschen mussten sich erst freischwimmen aus einem Becken, an dessen Rändern eine Menge Bademeister mit Trillerpfeifen und Stoppuhren stehen und jeden Schwimmzug als Ergebnis bewerten, statt uns einfach schwimmen zu lassen.

Es ist leichter, sich von der Angst vor Fehlern zu befreien, wenn man erkennt, dass der Fehlerbegriff zur Bewertung der Bewegung im Entwicklungsprozess nicht geeignet ist, sondern sich immer nur auf Ergebnisse beziehen kann. Wir suchen oft nach Orientierung und greifen dann hilfsweise zu den lang bekannten Bewertungsschemata. Versuchen Sie es anders. Nehmen Sie die Bewegung in Ihrer Entwicklung wahr. Solange Sie sich bewegen, ist alles gut. Ihr Interesse und Ihre Leidenschaft ziehen Sie von selbst in die passende Richtung. Stehenbleiben dürfen Sie auch, weil das unter Umständen einfach ein sehr langsamer Teil der Bewegung ist. Stehenbleiben ist gerade für künstlerisch arbeitende Menschen wichtig, damit sich Eindrücke setzen, verdichten, verwandeln können. Sich selbst zu sammeln ist eine wirksame Vorbereitung für das weitere Arbeiten. Ziehen Sie das nicht in Zweifel. Genießen Sie den Stillstand. Lassen Sie sich sinken in Ihr Nicht-Tun. Vielleicht kommt eine Angst. Dass das jetzt immer so bleibt. Dass das alles eine schlechte Idee war. Dass das so nie was wird, wenn Sie nicht endlich wieder in die Puschen kommen… (Lesen Sie dazu das nächste Kapitel mit den Glaubenssätzen!) Lassen Sie die Angst ruhig zu, es ist nett, dass sie nach Ihnen schaut. Aber bleiben Sie bei sich. Und dem Stillstand. Und sichten Sie Ihre Sammlung. So viel haben Sie schon. Es ist gut, jetzt zu stehen. Unser Gehirn braucht diese Pausen für unbeobachtete Prozesse. Sie können sich sicher sein, dass unbemerkt von Ihnen gearbeitet wird und Verbindungen entstehen. Stehenzubleiben ist kein Fehler, sondern oft Bewegung im Unsichtbaren.

Das Einzige, was Sie zu tun haben, ist, darauf zu achten, dass ihr literarischer Entwicklungsprozess möglichst störungsarm verlaufen kann. Was brauchen gute Entwicklungsprozesse? Raum, Zeit und Erlaubnis. Sorgen Sie dafür, nehmen Sie sich Raum zum Arbeiten und Denken, geben Sie sich genug Zeit zum Schreiben und auch für die Schreibzeiten, in denen der Text sich auf andere Weise entwickelt und erteilen Sie sich ausdrücklich die Erlaubnis dafür.

Das Schreiben befreien von *Glaubenssätzen* & *Erwartungen*

Glaubenssätze entstehen ganz früh aus dem, was wir in unserer Umgebung über uns und die Welt hören. Sie sind sehr hilfreich, weil Sie uns viel Arbeit abnehmen, ständig über alles neu nachdenken und entscheiden zu müssen. Aber wie mit allem Guten, das uns schon lange Zeit begleitet: Hin und wieder ist es Zeit, mal durchzusehen, ob es noch zu uns passt oder nur unsere Räume verengt und uns im Weg steht.

Für den kreativen Prozess haben Glaubenssätze eine wichtige Bedeutung. Schreiben ist ein Zustand, in dem man tief in Kontakt mit sich selbst ist. Im kreativen Schreiben begeben wir uns zu unseren Erfahrungs- und Lebensschätzen, tauchen mit Protagonisten oder dem lyrischen Ich ein in emotionale Zustände, begeben uns auf gedankliche und seelische Reisen. Kreatives Arbeiten geschieht oft in verletzlichen Zuständen, in denen wir empfindlich sind für Kritik und Zweifel. Gerade, wenn das Schreiben stockt, der oben beschriebene Stillstand eintritt, werden im Inneren die Glaubenssätze laut: „Das schaffst du nie. Wer glaubst du, dass du bist. Einen Roman willst du schreiben? Träum mal weiter! Du machst dich lächerlich!“

Man kann versuchen, diese Sätze beiseite zu schieben, sie bewusst im Raum verhallen zu lassen und einfach weiterzuarbeiten. Es lohnt sich aber bei den Sätzen, die immer wieder kommen, genauer hinzuhören. Sie zu sich zu nehmen, damit sie endlich mal nützen, statt ständig zu bremsen. Nehmen Sie sich die Zeit und ein Blatt Papier und schreiben Sie die beängstigenden Sätze auf, die ohnehin durch Ihr Gehirn spuken. Jeden auf einen eigenen Zettel. Sie sind Schriftstellerin, Ihre Liebe gilt dem Wort. Befreien Sie die Glaubenssätze aus ihrem hässlichen Gewand und nehmen sich die Essenz daraus, die Ihnen etwas über Sie selbst verrät. Was glauben Sie, wer

Sie sind? Na los! Schicken Sie die Person, die Ihnen vor 30 Jahren bösartig und missgünstig diese Frage gestellt hat zu ihrem inneren Kritiker an die Besteckschublade und beantworten Sie die Frage für sich selbst. Was glauben Sie, wer Sie sein können, wenn Sie sich trauen, an sich zu glauben? Schon, besser, oder? Und dann träumen Sie mal weiter! Das war leicht, aber was ist mit den harten Brocken „Du wirst es nie zu etwas bringen! Du hast kein Talent!" Wie lutscht man die weich? Gar nicht. Wir knacken sie und kommen direkt zum flüssigen Kern. Der flüssige Kern ist oft das Gegenteil des Gesagten. Du wirst es zu etwas bringen. Du hast Talent. In der Kombination kann dann ein kleiner, hilfreicher Passus entstehen: Wenn ich daran glaube, was ich bin, werde ich meine Träume verwirklichen. Wenn ich mir meine Träume erlaube und mich an dem orientiere, was ich wirklich bin, dann wird sich mein Talent mehr und mehr entfalten. Damit werde ich es zu etwas bringen. Zu etwas, das mir wirklich etwas bedeutet, weil es mit meinem Wesen verbunden ist.

Es ist hilfreich, sich diese verwandelten Glaubenssätze aufzuschreiben und sie immer wieder mal zu lesen, um sich daran zu erinnern.
Wer sich gründlich damit beschäftigen möchte, dem empfehle ich eine der bekanntesten Methoden, um negative Glaubenssätze zu identifizieren und zu verändern: „The Work" von Byron Katie. (https://thework.com/sites/de/)

Kreative Rohrverstopfungen effektiv *auflösen*

Kreativität ist universell und unerschöpflich. Was mal vorkommen kann, sind Engstellen im eigenen Schaffensfluss. Böse Menschen nennen das Schreibblockaden. So eine Schreibblockade ist schon vom Wort her ein ziemlicher Klotz. Dabei ist die sogenannte Schreibblockade zunächst mal ein gutes Zeichen dafür, dass Sie eine ganz normale Schriftstellerin sind. Sonst hätten Sie das nicht. Soweit ist also alles in Ordnung. Dieser Stillstand ist, wenn man ihn mal so sein lässt, oft auch wichtig für das Arbeiten. Wie weiter vorne schon erwähnt: Nicht alles am Schreibprozess ist auf dem Papier sichtbar. Es gibt diese Phasen, in denen unser Gehirn einen Bauzaun um Projekte zieht und uns Zugriff und Einblick verweigert. Irgendetwas entsteht da, muss ruhen oder es fehlen noch Materialien, die von weit her transportiert oder weit unten gefördert werden müssen. Für uns als Schriftstellerinnen ist das nicht angenehm. Wir können diesen Bauzaun in der Regel nicht um uns selbst ziehen und müssen mit den Fragen fertig werden wie: Wann geht es weiter? Wie kommst du voran mit deinem Roman? Wolltest du nicht die Geschichte für den Wettbewerb einreichen? Du weißt schon, dass in 12 Tagen Abgabe ist, oder? Hast du dich jetzt schon entschieden, wie es weitergeht mit dem Text?

Wenn diese Fragen von außen kommen, haben Sie Glück. Flugmodus an und gut ist es. Kommen diese Fragen von innen, schauen Sie bitte mal, wer da fragt. Wenn es eine gütige Stimme ist, die Anteil nimmt an Ihrer Unsicherheit und Ihnen gleichzeitig Zuversicht zuflüstert („Wie kommst du voran, Liebes? Stockt es gerade? Das kommt schon mal vor. Hab ein bisschen Geduld mit dir. Die Dinge brauchen ihre Zeit."), ist alles okay. Falls es der innere Kritiker ist („Na? Immer noch nicht fertig? So wird das nie etwas!"), fragen Sie ihn, ob er eigentlich schon mit dem Sortieren

der Besteckschublade fertig ist und warum er eigentlich Zeit hat, Ihnen ständig Fragen zu stellen, statt etwas Sinnvolles zu tun.
Mit der Kreativität ist es wie mit dem Wasser: Sie sucht sich ihren Weg. Mag sein, dass Sie da einen gedanklichen Knoten in der Leitung haben oder ein emotionales Haarknäuel, dass sich im Rohr festgehakt hat. Nutzen Sie den Überlauf in eine andere Leitung. Auch, wenn es nicht Ihre ersten Disziplinen sind, probieren Sie sich aus im Zeichnen, Malen, im Schauspiel oder in der plastischen Gestaltung. Halten Sie es einfach. Papier und Bleistift, Tuschkasten, Kugelschreiber, Kartonage und was Sie sonst zu Hause haben, genügen. Spielen Sie Improtheater in Ihrer Küche oder im Supermarkt, tanzen Sie Freestyle zur Lieblingsplaylist. Wenn es ein konkretes Entscheidungsproblem im Schreibprozess gibt, mit dem Sie nicht weiterkommen, lösen Sie es testweise mal zeichnerisch oder arrangieren Sie Gegenstände der Problemstellung entsprechend. Falls das nicht funktioniert, oder wenn es eher

um Diffuses, Drückenden geht und sich das Problem nicht richtig zeigt, lassen Sie locker und gestalten etwas völlig anderes.

Warum man mit dieser Methode so gute Ergebnisse bekommt: Unser Gehirn bekommt eine frische Aufgabe und hat dort wieder den Raum, Gestaltungsprozesse laufen zu lassen, statt immer an derselben Stelle hängenzubleiben und sich so in der Engstelle festzufressen. Und weil Kreativität universell ist, löst sich auf diese Weise viel feiner, als wenn wir direkt darin herumstochern, auch das hartnäckige Hauptproblem. Sie brauchen da nicht die ganze Zeit daran herum zu denken, Sie wissen ja ohnehin, dass Sie es lösen wollen. Und das geht eben am besten im gelösten Zustand. Sie kennen das aus so vielen anderen Situationen Ihres Lebens, es gilt auch für das Schreiben. Wenn Sie irgendwo festhängen, machen Sie erst mal was anderes.

Den Prozess vom Ergebnis trennen, die Kreativität spielen lassen ohne Erwartung

Die Kreativität ist ein Kind der Freiheit. Daher kommt sie und dahin strebt sie immer wieder. Deshalb funktioniert sie auch so gut, wenn wir ihr Rahmen und Regeln anbieten: Sie rebelliert. Lassen Sie sie ausbrechen. Und zwar überall. Fangen Sie wieder an zu spielen. Machen Sie das, was man nicht macht. Formen Sie kleine Figuren aus der Mitte des Brötchens und lassen Sie sie mit dem Wurstzipfel tanzen. Nehmen Sie den Werbeprospekt und falten Sie daraus ein Schiff, einen Hut oder eine Tüte, in der Sie etwas sammeln. Schreiben Sie einen Liebesbrief auf ein Post-it. Und ein PS auf ein DIN A 4 Blatt.
Schreiben Sie sich abends eine Frühstückskarte mit den Dingen, die Sie im Kühlschrank haben und wählen Sie morgens daraus aus. Heben Sie etwas von der Straße auf in dem Bewusstsein,

Liebe Frau Mirau, ich klebe Ihnen das jetzt einfach mal in die Akte. Damit ist es dann auch amtlich:
Ich liebe Sie.
Falls Sie diese Liebe nicht erwidern: Der Haftkleber dieses Post - Its wird keine Spuren hinterlassen.
Aber falls Sie doch so etwas wie gesteigerte Zuneigung für mich empfinden, dann geben Sie mir doch ein Zeichen und tackern Sie beim nächstenAktentausch eine Notiz in den Vorgang By 12/237b
Mit besten bürotischen Grüßen, Herr Meier
(für Sie gern: Sebastian und zukünftig Du)

dass Sie sich immer an diesen Moment erinnern wollen. Gehen Sie raus und gucken Sie, ob jemand da ist zum Spielen. Blinken Sie links und fahren dann rechts (NEIN! Wenn Sie dieses Level erreicht haben, hören Sie bitte sofort auf und kehren zum Brotteig zurück).

Was das mit dem Schreiben zu tun hat? Nichts. Und deshalb ist es so wichtig. Unsere Kreativität wird misstrauisch, wenn Sie immer muss. Kreativität ist kein Nutztier in Stallhaltung. Wir können sie ein bisschen zähmen, aber letztlich bleibt sie ein wildes Wesen, das die Freiheit braucht, um bleiben zu können. Freuen Sie sich daran. Werden Sie selbst ein bisschen wilder und Sie werden eine Gefährtin finden, die bald schon auf Sie wartet, wenn Sie sich an den Schreibtisch setzen.

Zweiter Teil
Praxis

Im Praxisteil des Workbooks habe ich verschiedene Übungen gesammelt, die zum Schreiben einladen. Zum Thema Technik und Handwerk gibt es andere Bücher, aber alle hier vorgestellten Übungen sind hilfreich, um dem eigenen Schreiben auf die Spur zu kommen. Sie sollen Lust bekommen, das Schreiben auszuprobieren, häppchenweise. Und dann ist es hoffentlich so wie bei den Chips: Auf einmal ist die Tüte leer. Viel Vergnügen!

Kreativitätstechniken und grundsätzliche Übungen

Es gibt einige grundsätzliche Übungen, um die eigene Kreativität anzuregen und ihr ein sicheres Zuhause im Alltag anzubieten. Mit dem kreativen Schreiben haben sie nur indirekt zu tun, sie sind generell gut für die Geschmeidigkeit im Denken, Fühlen und Handeln und das ist die Voraussetzung für kreatives Arbeiten.

Die Morgenseiten

Früher oder später begegnet allen Schreibenden die Frage: „Schreibst du Morgenseiten?“. Die Morgenseiten gibt es als Methode wahrscheinlich schon ewig, populär geworden sind sie mit Julia Camerons Kreativratgeber „The Artist Way“ bzw. auf deutsch „Der Weg des Künstlers“. Morgenseiten werden morgens geschrieben, möglichst vor jedem anderen Tagwerk. Es sind immer drei Seiten, immer handschriftlich, immer bewertungsfrei, einfach das, was gerade im Sinn ist, ohne literarische Intention. Planen Sie 20 – 30 Minuten ein, das reicht. Sie müssen nicht wirklich wach sein, nicht inspiriert, nicht geistreich, Sie sollten einfach einen Stift über das Papier führen können und diesen Bewusstseinsstrom aus Ihrem Gehirn auf das Papier fließen lassen.

Sie können bei den Morgenseiten keine Fehler machen, es sei denn, Sie schreiben sie nicht. Es ist vollkommen egal, was Sie schreiben, denn Sie sollen es danach nicht lesen. Niemand soll es lesen. Und wenn Ihnen nichts einfällt? Dann schreiben Sie das. „Mir fällt nichts ein. Es ist früh. Ich bin müde. Es war gestern spät. Nur 6 Stunden Schlaf…“ Mein Tipp: Kaufen Sie sich einfach Schulhefte oder einen Collegeblock für die Morgenseiten. Hier muss nichts schön sein, es geht nicht um eine heilige Handlung. Sie tun ab sofort in aller Selbstverständlichkeit etwas, das eine ganze Menge anderer Schriftstellerinnen jeden Morgen auch tun. An die dürfen Sie ganz kurz denken, wenn Sie im Pyjama zum Stift greifen, falls Sie sich ein bisschen Gesellschaft wünschen. Irgendwo da draußen schreibt zeitgleich mit Ihnen jemand anderes auch, da können Sie sich sicher sein. Sie sind jetzt gerade Teil einer schreibenden Gemeinschaft. Guten Morgen!

Lege dir ein simples Schulheft und einen Stift neben dein Bett.
Schreibe noch vor dem Aufstehen. Die Worte werden sich daran gewöhnen, zu fließen.

Mache die Morgenseiten zu einer völlig normalen Gewohnheit.

Guten Morgen, hier sind die ersten Morgenseiten!

Fangen Sie einfach an, es darf sinnfrei und stillos sein, einfach nur ungefiltert das, was gerade an Gedanken kommt:

Na, das ging doch ganz gut, oder?
Für morgen legen Sie sich am besten schon mal ein paar Blätter Papier oder einen Block bereit.

Achtsamkeit – *sich dessen gewahr werden, was ist*

Achtsamkeit. Auch so ein Ding, das es schon immer gab und das seit einigen Jahren in jeder Kundenzeitschrift des Drogeriemarkts als der ultimative Wellness-Tipp auftaucht. Was meine ich hier mit Achtsamkeit und warum hilft sie so beim Schreiben? Achtsamkeit ist ein Zustand innerer Wachheit, in dem ich bewertungsfrei wahrnehme, was gerade ist. Um mich herum, in mir, mit mir in Beziehung zu dem, was mich umgibt und was in mir ist. Und das ist genau das, was Schriftstellerinnen tun sollten, wenn sie zu guter Literatur kommen wollen. Es führt uns weg von den Plattitüden des „Ein kalter Schauer lief mir über den Rücken, als ich in seine glitzernden Augen sah" hin zu präzisen, authentischen Sätzen wie „Das Deckenlicht spiegelte sich in seinen Augen. Die Küche, die ich sonst als so gemütlich empfand, kam mir jetzt vor wie ein Ort, an dem Fleisch auf einer Arbeitsfläche zerteilt wird. Mit Messern, die nicht nur scharf, sondern auch sehr kalt sind. Sein Blick ruhte auf mir. Nein. Er lauerte."

Wie also werden Sie achtsam? Indem Sie es sind. Im Kleinformat. Stellen Sie sich einen Timer, dreimal am Tag für jeweils ein Minute. Sie brauchen nur diese drei Minuten täglich. Egal, wo Sie sind, egal, was Sie gerade tun, nehmen Sie sich jeweils diese eine Minute. Schließen Sie die Augen oder auch nicht und nehmen Sie wahr, was gerade ist. Wo sind Sie gerade? Wer ist noch da? Wie ist der Raum beschaffen? Was können Sie hören? Welche Art von Klang ist das? Welche Berührung hat Ihr Körper mit dem Raum oder einer Person? Wie fühlt sich das an? Was riechen Sie? Wie riecht das? Was für einen Geschmack haben Sie gerade im Mund? Wie ist das? Und so weiter. Nach einer Minute kehren Sie wieder zurück in Ihre Standardwahrnehmung, in der Ihr Gehirn bekannte Reize für Sie herausfiltert. Es kann allerdings passieren, dass Sie Geschmack finden an diesen drei Minuten am Tag, weil Sie sich reicher anfühlen als der Rest. Das darf gerne passieren. Und falls Sie gerade ein Schreibheft zur Hand haben und es passt, dürfen Sie auch gerne notieren, was Sie da Erstaunliches erleben, während Sie einfach wie immer in Ihrer Küche stehen.

Wie schmeckt eine Zitrone? Was nehme ich wahr?

- unter meiner Zunge sammelt sich wässriger Speichel
- meine Zungenspitze wird vorne taub
- ich denke an Meister Propper
- Lust auf Limonade
- riecht weniger sauer als sie schmeckt

Achtsamkeit – Übungen

1.

Achte auf den Atem, ohne etwas verändern zu wollen.

Spüre die Luft durch die Nase einströmen...

die Nase wird innen ein bisschen kühler...

die Luft ist jetzt im Brustraum...

2.

Achte auf die linke Hand, ohne etwas verändern zu wollen.

Wo liegt sie gerade?

Wie fühlt sich die Handinnenfläche an?

Wie die Außenfläche?

Wie warm ist das Handgelenk und wie warm sind die Fingerkuppen.

Wie fühlt sich der Daumen an und wie der kleine Finger?...

3. Achte auf Geräusche, ohne etwas verändern zu wollen.

Was ist das lauteste Geräusch gerade?

Welches hörst du erst nach einer Weile?

Was kommt von außen?

Welche Geräusche macht der Körper?

Kannst du deinen Atem hören? Wo?

Und deinen Herzschlag? Wie hört er sich an?

4. Achte auf deine Gedanken, ohne sie verändern zu wollen.

Was denkst du gerade?

Und welcher Gedanke folgt?

Was fühlst du dabei?

Wo spürst du deine Gedanken?

Routine pflegen und erforschen

Nutzen Sie die Routinen Ihres Lebens für sich als Schriftstellerin. Erforschen Sie das, was Sie ohnehin jeden Tag tun in aller Breite und Tiefe. Betrachten Sie Ihr langweiliges Alltagsleben, als wäre es ein fernes Land, eine fremde Kultur mit Bräuchen und Gewohnheiten, deren Sinn Sie sich erschließen wollen. Das Gute an den Routinen ist ja, dass sie ohne Anstrengung von selbst ablaufen. Wie oft haben Sie schon die Wäsche aus der Maschine genommen, wie oft sind Sie zu einem Treffen mit einer Freundin oder zur Arbeit gefahren, haben eingekauft, Ihre Arbeitskleidung herausgelegt? Diese vertrauten Abläufe bieten Ihnen die Möglichkeit, Ihre Konzentration auf das bislang Unbemerkte zu richten. Gönnen Sie sich einen Fokus auf dem Weg zur Arbeit. Spielen Sie „Ich sehe was, was ich sonst nie sehe und das ist blau!“ Merken Sie sich den Reichtum und die Vielfalt des Blaus auf Ihrem Arbeitsweg. Am nächsten Tag sammeln Sie bislang unentdecktes Grünes. Wählen Sie einen Ihrer Sinne, während Sie sich um die Wäsche kümmern. Wie hört sich das an? Weichen Sie nicht aus auf Fühlen oder Sehen. Bleiben Sie hartnäckig beim Hören. Sammeln Sie Geräusche und Klänge. Seien Sie Dialogforscherin beim Einkaufen. Bleiben Sie ein bisschen länger am Süßigkeitenregal stehen und hören zwei, drei Zeilen der Kinder, die dort um Gummibärchen und Schokolade verhandeln. Wichtig: Wählen Sie den Fokus vorher und bleiben Sie dabei. Wenn Sie wollen: Schreiben Sie es auf. Entdecken Sie die Fülle im Bekannten.

Routinen pflegen – Übungen

Heute finde ich die Farbe:

Wo habe ich diese überraschend gefunden?

Heute finde ich Gerüche

Wie rieche ich selbst morgens, mittags, abends?
Wie riecht meine Haut, wie meine Kleidung, wie meine Haare?
Wie riecht meine Küche, mein Bad, mein Bett?
Wie riechen die Kräuter auf der Fensterbank?
Wie riecht es unterwegs? Im Auto, auf dem Roller,
in der U-Bahn, im Supermarkt?
Wie riecht die Zeitung, das Buch, das Brot?
Wie riecht mein Leben heute, jetzt, später?

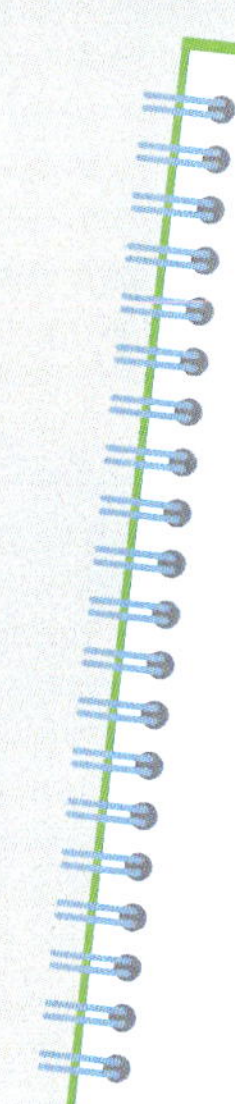

Heute finde ich Zwischenräume

Wo sind Zwischenräume?
Zeitliche oder räumliche?
Zwischenräume im Verständnis?
Zwischenräume von Wahrheit und Lüge?
Von Bequemlichkeit und Disziplin?
Wo bin ich heute selbst zwischen Fronten,
zwischen Entscheidungen, zwischen Zimmern,
zwischen Menschen?

Wo ist in mir Zwischenraum?

Heute finde ich das Glück

Was macht mich beim Frühstück glücklich? Was im Bad? Was am Wetter macht mich heute glücklich? Wo habe ich heute Glück? Welcher Mensch fühlt sich nach Glück an? Finde ich einen Glückscent auf dem Heimweg oder hinter der Kasse? Lasse ich auf meinem Arbeitsweg einen Cent fallen, um etwas Glück zu streuen? Werde ich glücklicher, wenn ich heute Mittag…

Routine brechen und etwas riskieren

So wichtig wie es ist, die Routine zu pflegen und zu erforschen, so gut ist es auch, mit der Routine zu brechen. Für die meisten Menschen hört sich das reizvoll an, ist aber in der Umsetzung gar nicht so leicht. Routinen geben uns Sicherheit. Wir wissen, was wir bekommen, wann wir da sind, wie wir uns damit fühlen werden. Muten Sie sich Unbekanntes zu und erschließen sich damit neue Erfahrungsräume. Gibt es in Ihrem Kleiderschrank ein Teil, das Sie zwar gekauft, aber nie getragen haben? Heute ist der Tag dafür. Putzen Sie sich vor dem Schlafengehen immer die Zähne? Heute mal nicht. Kaufen Sie immer dasselbe Waschmittel? Nehmen Sie ein anderes. Erforschen Sie diese winzigen oder überraschend großen Zonen, die aus den kleinen Verschiebungen entstehen. Es muss sich nicht toll anfühlen. Wird schon seinen Grund haben, warum Sie das Teil aus dem Kleiderschrank noch nie getragen haben. Spüren Sie dem nach, während Sie es heute doch tragen. Das unerwartete Hochgefühl oder das befürchtete Unbehagen, beides ist gleich gut. Wie ist das mit den ungeputzten Zähnen? Nagt der Karies sich schon in Ihre Träume? Wenn Sie wollen: Schreiben Sie es auf und spüren dem gebrochenen Alltag an den Kanten nach.

Zähneputzen nicht *vergessen*!

Wie weiter vorne schon beschrieben: Nutzen Sie die Kraft schon vorhandener Routinen, um das Schreiben in Ihrem Leben zu beheimaten. Putzen Sie sich hin und wieder Ihre Zähne? Möglicherweise zweimal täglich? Und erinnern Sie sich an die alte Zahnpasta-Werbung „Morgens Aronal, abends Elmex“? Ich würde gerne Werbung machen für die kleinen Lyrikformen und rate Ihnen zu „Morgens Akrostichon, abends Elfchen“. Ob Sie das vor oder nach dem Zähneputzen machen, spielt eigentlich keine Rolle, aber koppeln Sie es unbedingt und schreiben Sie zu Anfang immer vor dem Zähneputzen. Wer nicht schreibt, geht sonst halt mit schlechtem Atem in den Tag oder liefert die Beißerchen zur Nacht ungeputzt der Karies-Armada aus. Die Koppelung ist deshalb so hilfreich, weil sie aus dem ungefähren „morgens und abends was Kleines schreiben“ etwas Verbindliches macht. Und eine Verstärkung bekommt durch eine Tätigkeit, die in ähnlicher Dauer schon in Ihrem Alltag verankert ist und auf die Sie schwer verzichten können. Am Anfang brauchen Sie vielleicht ein wenig länger, um das Schema einzuüben, aber mit der Zeit schrubben Sie sich die Wörter so selbstverständlich aus dem Kopf wie danach die Plaque von Ihrer Kauleiste.

Routinen brechen – Übungen

Entschluss: Heute ziehe ich das schlimme Teil aus dem Kleiderschrank tatsächlich an.

Protokoll:

Wie geht es mir jetzt damit? Und wenn ich rausgehe? Wie verändert sich mein Gefühl durch Reaktionen anderer? Bemerkt jemand, dass ich das schlimme Teil aus dem Kleiderschrank trage? Will ich es loswerden? Fange ich an, es zu lieben? Wie gehts dem schlimmen Teil aus dem Kleiderschrank mit mir? Freut es sich, mal rauszukommen? Will es zu jemand anderem?

Aus Prinzip nein sagen:

Heute sage ich auf jede Frage „nein". Welche Fragen werden mir den Tag über gestellt? Was frage ich mich selbst? Wie reagieren andere? Wie reagiere ich selbst? Sage ich: „Nein, aber" oder „Nein, weil"? Verpasse ich durch mein Nein etwas?

Ein Geheimnis bewahren.

Heute nehme ich einen mittelgroßen Gegenstand mit, wohin ich auch gehe. Niemand soll ihn sehen. Ich verberge ihn in einem Karton oder wickele ihn in Zeitungspapier ein. Niemand darf wissen, was es ist. Ich werde das Geheimnis nicht lüften. Wer fragt danach? Verstecke ich den Karton, oder trage ich ihn wie selbstverständlich mit mir? Wiegt das Geheimnis schwer, nervt es mich?

Heute ist ein Festtag.

Ich trage zum Einkaufen festliche Kleidung, ich esse in der Mittagspause das beste Essen, ich fahre im Taxi ins Büro, ich kaufe mir Blumen und stelle sie auf meinen Schreibtisch oder die Arbeitsplatte in der Küche oder das Regal mit den Putzmitteln, den/die/das ich mit einer Lichterkette dekoriere. Mein Modus ist heute „festlich“. Wie verändern sich meine Begegnungen dadurch? Wie verändert sich mein Blick auf den Alltag? Was wäre, wenn das der Alltag wäre? Welche neuen Erfahrungen mache ich dadurch? Ist es schöner so oder anstrengender?

Den Alltag *sinnlich* anreichern

Schriftstellerin zu sein bedeutet, egal in welchem Genre Sie schreiben, sich einlassen zu können auf andere Realitäten, Perspektiven, Charaktere, Situationen. Ich bin sehr für einen sparsamen Umgang mit Adjektiven, die immer ein bisschen nach Konserve schmecken, denn ich liebe Texte, die in Details eine Erlebnistiefe mitklingen lassen. Die wird dadurch erreicht, dass sich die Schriftstellerin beim Schreiben auf selbstverständliche Weise vor Ort befindet, eine Gewohnheit darin hat, im Fremden vertraut zu sein mit dem, was ihr begegnet. Eine gute Übung, um darin besser zu werden, ist es, das eigene Leben dazu zu nutzen und Situationen gedanklich, szenisch und sinnlich vorwegzunehmen. Werden Sie eine Protagonistin in der eigenen Lebensgeschichte. Nutzen Sie dazu wieder Standardsituationen ihres Lebens, beispielsweise das Duschen und duschen Sie, während Sie noch im Bett liegen. Betreten Sie Ihr Badezimmer, die Klinke in der Hand, legen Sie die Kleidung ab (welche Kleidung, wo?) und gehen Sie unter die Dusche. Stellen Sie die Temperatur richtig ein, lassen Sie das Wasser über Ihre Füße laufen und so weiter. Seien Sie genau. Bleiben Sie sich auf der Spur. Versuchen Sie mal so lange gedanklich zu duschen, wie das anschließende Duschen tatsächlich dauern soll. Oder umgekehrt, das tatsächliche Duschen dem gedanklichen anzupassen und beim Duschen das Shampoo eben nur für eine Sekunde auszuspülen, sich eine weitere Sekunde abzutrocknen, die Füße dabei zu vergessen und so das Bad halbnackt, halbnass und mit Shampooresten in den Haaren wieder zu verlassen. Versuchen Sie diese Übung mit anderen Situationen.

Schälen Sie eine Kartoffel im Kopf,
trinken Sie ein Glas Wasser,
lassen Sie sich Zeit.

Das Duschprotokoll

Was ist das für eine Badezimmerklinke? Wie warm oder kalt fühlt sie sich in der Hand an? Wie groß ist das Badezimmer? Gekachelt, dekoriert, mit Fenster? Welches Licht gibt es da? Wie fällt es auf das Gesicht? Wo kann man Kleidung ablegen? Liegen die Handtücher griffbereit? Was sind das für Handtücher? In welcher Größe? Passt der Körper gut hinein? Zwei Handtücher oder eines? Rauh oder weichgespült? Riechen sie nach Waschmittel oder leicht säuerlich nach alter Feuchtigkeit? Wo steht das Duschgel, das Shampoo, gibt es Spezialpflegemittel? Warum? Wie fühlen sich die Füße an, bevor das Wasser fließt? Wie lässt sich die Temperatur regeln? Schnell, heiß, viel oder ewig, lau, tröpfelnd?

Das Kühlschrankprotokoll

Was ist das für ein Kühlschrank? Familienmodell oder Single? Neueste Technologie oder alte Schule? Mit Gefrierschrank oder kleinem Eisfach? Alles clean oder natürliche Prozesse in Entwicklung? Was ist das älteste Lebensmittel? Was ist zu schade zum Wegwerfen, wird aber nie mehr gegessen/getrunken werden? Wie geht's dem Obst und Gemüse? Gibt es Fleisch, Eier, Milchprodukte? Gehört alles einem, alles allen oder irgendetwas dazwischen? Wer ist morgens an diesem Kühlschrank, wer mittags, wer abends und wer in der Nacht? Ist der Kühlschrank zuverlässig kalt, hat er Macken? Dient er als Kommunikationsarchiv, ist magnetischer Hüter und Mahner von Notizzetteln, Stundenplänen, Briefen vom Finanzamt?

Wer bin ich und warum bin ich hier?

„Wer bin ich und warum bin ich hier?" sind zwei Fragen, die sich hervorragend für ein Selbstgespräch eignen. Oder als Selbstgespräch eines fiktiven Charakters. Nutzen Sie diese beiden Fragen, um unterschiedliche Aspekte von Identität und Motivation herauszuschreiben.

Sie können diese Übung beliebig oft wiederholen und werden überrascht sein, welche Vielfalt von Antworten mit der Zeit entsteht. Aus einem „Ich bin Clara Karim, Mutter von zwei kleinen Kindern und ich bin um fünf Uhr morgens hier in meiner Küche, weil es die einzige Zeit ist, in der ich ungestört eine Tasse Kaffee trinken kann. Ich bin eine müde Frau, ich bin eine 34-jährige sehr, sehr müde Frau…" wird an einem anderen Tag „Ich bin Clara Karim, aber nicht mehr lange. Ich bin hier, weil ich mir einen Termin bei einer Anwältin organisiert habe…" oder auch „Ich bin Clara Karim. Warum ich hier auf der Welt bin? Weil ich den Mut habe, für Gerechtigkeit zu kämpfen…" Und so weiter.

Diese Übung funktioniert auch mit Gegenständen, dem Wetter oder Emotionen. Und es ist interessant, die Namen und Gründe der Dinge zu erfahren. Wer ist die Wut und warum ist sie hier? Was ist der Kühlschrank und warum ist er hier? Fragen Sie ihn. Manchmal erzählen Haushaltsgeräte die besten Geschichten. Denken Sie nur an Axel Hacke und seinen alten Freund Bosch.

Tipp

Um zu guten Ergebnissen zu kommen, ist es wichtig, die Zeit zu begrenzen. Das hört sich paradox an, hilft aber ungemein, ins wertungsfreie Schreiben zu kommen und das Schreiben nicht zu zergrübeln. Schreiben Sie, was spontan kommt. Stellen Sie sich einen Wecker auf 5 Minuten. Verlängern Sie auf maximal 10 Minuten. Das war es. Frühestens am nächsten Tag geht es weiter.

Übung

Fragen Sie sich selbst an zwei verschiedenen Tagen

„Wer bin ich und warum bin ich hier?"

Tag 1:
Ganz konkret. Wie heiße ich, wie alt bin ich, wo bin ich jetzt gerade räumlich, was geht mir durch den Kopf, was will ich gerade tun und warum?

Tag 2:

Ganz philosophisch. Wer bin ich im universellen Raum durch alle Zeiten? Was ist mein Lebenssinn? Wo bin ich gerade aus spiritueller Sicht? Was ist mein Auftrag? Mit was bin ich verbunden und was soll das Ganze hier?

Das Akrostichon

Das Akrostichon kennen Sie bestimmt, auch falls Ihnen der Name nichts sagt. Sie schreiben ein Wort vertikal auf ein Blatt und ergänzen im folgenden die Buchstaben zu anderen Wörtern oder Sätzen. Das Grundwort stellt das Thema. Machen Sie es sich so leicht wie möglich. Wählen Sie etwas ganz Banales, wie Wochentage, Frühstückszutaten, das Wetter, eine Stimmung... und lassen Sie sich überraschen. Wie wäre es mit Kaffee?

K Keine Ahnung

A Aber

F Falls es Kaffee nicht gäbe

F Falls es nur Kakao und Tee, aber Kaffee nicht gäbe

E Ein Jammer

E Ein schrecklicher Jammer!

Das können Sie mit Sicherheit bei keinem Lyrik-Wettbewerb einreichen. Und deshalb ist es so gut. Es befreit Ihr Arbeiten immer wieder vom Druck „was Richtiges“ schreiben zu müssen. Wer „was Richtiges“ schreiben will, muss ganz viel Blödsinn schreiben dürfen, nur so zum Spaß. Oder als heimliches Vergnügen nach dem Zähneputzen, obwohl sie davor auch schon eins geschrieben hatten, Sie Naschkatze!

Tipp

Falls es Ihnen schwerfällt,
das „richtige“ Thema zu finden
und Sie morgens müde darüber grübeln,
statt einfach zu schreiben,
bereiten Sie schon am Vorabend das Thema
vor und schreiben es auf.
Abends geht es nur darum, kurz ein Thema
festzulegen. Wehe, Sie schreiben dann gleich
los. Morgen erst wieder!

Frühstücksthemen

C
A
F
E

A
U

L
A
I
T

T
E
E

H
O
N
I
G

M
Ü
S
L
I

E
I

Aktivitäten

Z
Ä
H
N
E
P
U
T
Z
E
N

Gedanken

T
A
G
T
R
A
U
M

weitere Begriffe:

DUSCHE ANZIEHEN LOSGEHEN
ARBEIT KINDER TODOLISTE ZEITUNG
WINTERZEIT HERBSTMORGEN

Zeit

S
O
M
M
E
R
M
O
R
G
E
N

F
R
Ü
H
L
I
N
G
S
L
A
U
N
E

Das Elfchen

Das Elfchen hat einen miesen Ruf als Textform für Grundschulkinder. Warum? Weil es so einfach ist. Kinderleicht eben. Ich finde: Die besten Dinge können ganz einfach sein. Für das Schreiben brauchen wir immer nur einen Rahmen. Das Bild darin bestimmen wir selbst. Das Elfchen darf sich innerhalb seiner Form entwickeln, wie es nur will. Und ja, es ist wirklich ganz einfach. Elf Wörter in fünf Zeilen zu einem Thema.

Wie schreibe ich ein Elfchen?

1 Wort	Thema	Freibad
2 Wörter	Beschreibung/Eigenschaft	Hoher Turm
3 Wörter	Was passiert?	Drei Meter Angst
4 Wörter	Was hat es mit mir zu tun?	Ich trau mich nicht
1 Wort	Fazit	Spring!

Gehen Sie zukünftig mit den Elfchen zu Bett. Vor dem Zähneputzen schreiben Sie sich noch eins für die Nacht. Das ist gut für Ihr Schreiben und gut für Ihre Träume. Nehmen Sie auch da naheliegende Themen. Sie können das Thema des Akrostichons vom Morgen nochmal aufgreifen oder ein anderes wählen. Auch hier gilt wieder: Je einfacher, desto besser. Sehen Sie sich in Ihrem Zimmer um. Thematisieren Sie die Dinge, die Sie umgeben. Egal, ob es um Socken oder den Vollmond geht, das Elfchen führt Sie von alleine weiter. Gute Nacht!

Elfchen - Übung

1 Wort	Thema
2 Wörter	Beschreibung/Eigenschaft
3 Wörter	Was passiert?
4 Wörter	Was hat es mit mir zu tun?
1 Wort	Fazit

Gegenstände

PYJAMA,

DAUNENDECKE,

WÄRMFLASCHE,

WASSERGLAS,

NACHTLICHT

Einschlafen

DUNKELHEIT,

WUNSCHTRAUM,

SANDMANN

Träume

ANGST,

LUST,

VERWORREN,

VISION

In der Nacht

MITTERNACHT,

SCHLAFLOS,

KÜHLSCHRANK,

NACHTS AUFS KLO

1 Wort	Thema
2 Wörter	Beschreibung/Eigenschaft
3 Wörter	Was passiert?
4 Wörter	Was hat es mit mir zu tun?
1 Wort	Fazit

Zum Einschlafen *Wörtchen zählen:*

die schönsten Schäfchen springen spät und am besten chillt die Elfe feierabends

Sie können noch nicht schlafen? Trotz Elfchen liegen Sie wach? Hier kommt das Schäfchenzählen für Schriftstellerinnen. Sie müssen nichts aufschreiben, hier geht es nur darum, sich in den Schlaf zu murmeln. Ein kleines letztes Lämpchen brennt im Sprachzentrum, während in den restlichen bewussten Gehirnbereichen Raum für Raum das Licht gelöscht wird …

Zwei Varianten:

Die Alliterationskette und das ABC

Bei der Alliterationskette bilden Sie Sätze, deren Wörter mit immer demselben Buchstaben oder Laut beginnen. Nachts nachzudenken, nagt nicht nur, nein: nächtliches Nachdenken nominiert neue Narrative. Ergibt das Sinn? Zumindest erahnen wir einen Sinn und unser Gehirn hat zu tun, besser passende Wörter zu finden. Und das ist Sinn der Sache. Wie bei den anderen Übungen auch: Hier geht es um nichts. Niemand bietet Ihnen einen Buchvertrag für die schönsten Alliterationen an, sie müssen niemals fertig werden, es ist nur ein bisschen Pflege des kreativen Denkens. Die schönsten Schäfchen springen spät.

Zur Abwechslung können Sie sich auch am fortlaufenden Alphabet orientieren. Am besten chillt die Elfe feierabends. Und so weiter. Fangen Sie an, wo immer Sie wollen. Die einfachen Fertig-Gerichte habe ich ja klugerweise l… mit naturbelassenem Oliven-Peperoni-Quark reizvoll s… u… verbessert. Schauen Sie mal, wie weit Sie kommen. Und beißen Sie sich nicht an X und Y die Zähne aus. Wenn Ihnen etwas einfällt, gut, ansonsten dürfen Sie auch springen. Mit den schönsten Schäfchen und der chillenden Elfe ins Schriftstellerinnen-Schaumland.

Traumland. Egal. Schlafen Sie gut!

Selbstgespräche führen

Schriftstellerinnen sind seltsam. Alle Menschen sind seltsam, aber Schriftstellerinnen geben es wenigstens zu. Dieser leere Blick, den haben wir auch. Aber hinter den Augen, ein Stockwerk höher, ist nichts mehr leer. Im Gegenteil, es ist schwer noch eine freie Ecke zu finden. Das liegt daran, dass alles mit allem durch feinste Fäden verbunden ist. Nimmt man nur eine Kaffeetasse aus dem Regal, fallen einem mindestens drei, gerne auch mal dreißig andere Dinge entgegen. Glücklicherweise passiert das alles nur gedanklich. Wir können ganz aufgeräumt daherkommen, man sieht es uns nicht an. Zurück in unsere innere Kaffeeküche im Gehirn: Wir nehmen also die Kaffeetasse, die dreißig anderen Dinge stürzen uns vor die Füße. Unsere Priorität ist der Kaffee, aber, oh, was ist das? In diesem Krempel, der jetzt um uns herum liegt, sind ja ganz wundervolle Sachen zu entdecken. Denn apropos Kaffee, da liegt jetzt diese Milchpackung, die in die Geschichte gehört mit dem Mann, der seinen Tee grundsätzlich mit Milch trinkt und außerdem eine Vorliebe für alten, englischen Käse hat... Wenn wir jetzt die Küche verlassen, verlieren wir ihn. Dabei wäre er so ein schöner Charakter, auch wenn wir das mit dem Käse ein bisschen problematisch finden...

Das alles könnten Sie jetzt sofort jemandem erzählen, um es nicht zu vergessen, aber wem? Oder aufschreiben, aber die Zeit haben Sie jetzt nicht und außerdem ist es nur so eine Idee und bis Sie das aufgeschrieben haben, schon wieder verschwunden und mit ihr dieser Gentleman und der ganze Käse. Schicken Sie sich eine Sprachnachricht. Sie können Ihre üblichen Messengerdienste benutzen und die eigene Nummer als Empfänger eingeben und sind fortan mit sich

selbst im digitalen Austausch. Wahlweise machen Sie einfach eine Audioaufnahme und speichern diese. Der Vorteil an diesen kleinen oder auch längeren Sprachnachrichten: Hier können Sie in sehr kurzer Zeit vage Ideen festhalten, mit allem „irgendwie, weiß noch nicht genau“ und „da muss ich noch drüber nachdenken, aber wichtig ist, dass der Hund alle beißt, die ihn füttern wollen“.
Diese Sprachnachrichten sind hervorragend dazu geeignet, Sie in Phasen von „mir fällt nichts ein“ ganz schnell in den Schreibmodus zu befördern. Und Sie haben den Kopf wieder frei für die wirklich wichtigen Dinge des Lebens. Kaffee zum Beispiel.

Unterwegs (be)schreiben:

Der Himmel ein graues Wolltuch

Sie sind unterwegs und können nicht schreiben? Schreiben Sie trotzdem. Unterwegs zu sein ist eine glückliche Gelegenheit mit Wörtern zu spielen, nur für ein paar Momente. Sehen Sie nach oben. Decke oder Himmel? Wie ist dieser Himmel heute? Spannt er sich wie eine blaue Folie? Wie eine LIDL-Plastiktüte, wenn Oma sie vor dem Einsortieren in die Schublade auf Kante glattgestrichen hat? Sieht er aus wie ein gebrauchtes Blatt Papier, das mehrfach beschrieben und wieder radiert wurde und schließlich geknüllt und zerknittert auf dem Boden liegt? Was sind das für Wolken? Keine Schäfchen, sondern fette Schafböcke mit schmutzigem, filzigem Fell, die sich drängeln und stoßen? Gucken Sie nach unten. Boden oder Erde? Was ist das für ein Boden? Die Installation eines Künstlers mit dem Namen „Allertagedreck?" Gefällte Bäume, deren geschnittene Stücke einander suchen? Gucken Sie nach rechts, nach links, gucken Sie nach innen und außen und finden Sie Worte. Diese Übung dauert so lange Sie Lust haben. Sie müssen sich Ihre Beschreibungen nicht merken. Ihr Gehirn gewöhnt sich auf diese Weise an einen Vorschlagmodus, der Ihnen nützlich ist, wenn Sie an Texten arbeiten.

Beschreibe das Bild

Was ist das für ein blau? Wie sehen die Wolken aus? Auf welches Wetter lässt der Himmel schließen? Was machen Menschen unter einem solchen Himmel? Wenn dieser Himmel ein Kleid wäre, zu welchem Anlass könnte man es tragen?

Beschreibe das Bild

Unter welchen Umständen würde man hier liegen? Welcher Hund hat ein Fell mit dieser Farbe? Oder welche Katze? Was würde die Nachbarin aus der Heimatstadt zu einem solchen Rinnstein sagen? Kann man hier stolpern, wenn man unachtsam ist? Warum sollte man unachtsam sein? Was wäre die Folge? Was sähe und röche man, wenn man mit der Nase sehr nah am Boden wäre? Und wie sieht diese Straße von sehr weit oben aus?

Beschreibe das Bild

Wer käme auf die Idee, man könne das alles noch brauchen? Und welche Sache hier erweist sich tatsächlich als ein verborgener Schatz? Wem gehörten diese Sachen? Was wurde nur versehentlich hier abgestellt und was aus Bosheit? Ist das Ende dieser Sachen für jemanden ein Anfang?

Was ist hier geschehen und wer ist *diese Person*?

Bleiben wir in Ihrer Wohnung oder vertrauten Umgebung und entdecken wir das Universum darin. Das ist der Vorteil am Leben als Schriftstellerin. Während alle anderen nur normale Wohnungen haben, in denen es ständig unordentlich wird und eine Menge Dinge zu tun gibt, haben Schriftstellerinnen einen Kosmos beständiger Inspiration. Auf der Spülmaschine steht Geschirr? Der Wäschekorb quillt über? Die Zimmerpflanze ist vertrocknet? Perfekt. Machen Sie ein Foto davon. Nehmen Sie sich Ihre Schreibsachen und betrachten Sie nur das Bild. Lösen Sie es von den Ihnen vertrauten Zusammenhängen. Dieses Bild ist woanders aufgenommen worden, hat mit Ihnen nichts zu tun. Erzählen Sie die Geschichte anhand dieses Details. Warum ist die Zimmerpflanze vertrocknet? Wurde sie einer Frau geschenkt, die Zimmerpflanzen von Herzen hasst? Oder ist sie ein Hinweis darauf, dass in dieser Wohnung nicht nur die Pflanze starb?

Auch bei Tätigkeiten dürfen Sie umdenken. Was auch immer Sie regelmäßig tun: Nutzen Sie es, um „die andere Geschichte“ zu erzählen. Seien Sie selbstvergessen und hören Sie Ihren Ideen zu, während Sie vor einem Haufen verknäulter Socken sitzen. Eine Frau sortiert also Socken. Wer ist diese Frau und was sortiert sie sonst noch? Bleiben Sie dabei, solange Sie die Socken sortieren. Folgen Sie dieser Protagonistin. Sie kocht. Wer ist diese Frau? Kocht sie dieses Essen sonst auch? Wird sie es ganz alleine essen oder kommt noch jemand? Oder kocht sie das Essen, um es an einen anderen Ort zu bringen? Bleiben Sie dabei, solange Sie kochen. Essen Sie mit dieser Protagonistin. Wer ist diese Frau. Und so weiter. Hören Sie auf, wenn Sie böse werden, weil Sie merken, dass Ihr Liebespartner gerade mit einer anderen zugange ist. Schicken Sie die fremde Frau weg und kehren Sie in sich selbst zurück.

Nebeneffekt dieser Übung ist, dass Sie viel gelassener werden mit den lästigen Alltagspflichten. Ist ja schließlich nicht Ihr Geschirr, das da bald Schimmel ansetzt. Gehört ja diesem Schimmelforscher.

Tatort Fenster

Wenn das nicht mein Fensterblick wäre, wessen dann? Wie sieht eine sehr kleine Person aus diesem Fenster? Was sähe ein Kind zuerst? Wo würde es hinlaufen? Auf wen würde das Kind am Fenster warten? Warum ist das Kind in diesem Zimmer? Lebt es hier oder ist aus einem anderen Grund hier? Wie erklärt es sich die Dinge vor dem Fenster?

Tatort Küche

Wenn das nicht meine Küche wäre, wessen dann? Wie würde jemand sehr Neugieriges, der hier eigentlich nur etwas saubermachen sollte, diese Küche sehen? In welche Schränke würde er blicken? Welche Vorräte fänden sein Interesse? Von was würde er kosten? Was würde er zu den Messern sagen? Was nähme er in die Hand? Würde er etwas Überraschendes finden? Würde er nebenbei aus Gewohnheit das Basilikum gießen?

Tatort Sofa

Wenn es nicht mein Sofa wäre, wer säße darauf? Und aus welchem Grund würde er vom Sitzen ins Liegen rutschen? Und noch weiter, so dass er kopfüber das Zimmer betrachten könnte? Was sieht er, wenn er kopfüber auf dem Sofa liegt? Was wollte er eigentlich machen, statt auf dem Sofa zu liegen? Oder sollte jemand zu Besuch kommen? Oder ist es das erste Mal seit langer Zeit, dass er auf dem Sofa liegt?

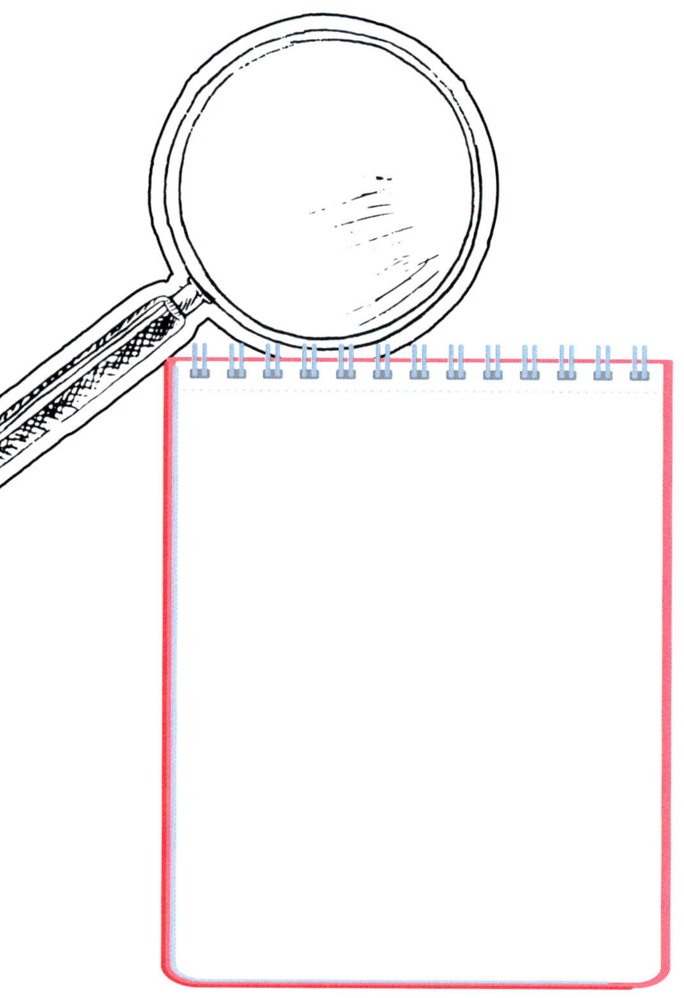

Tatort Briefkasten

Wenn es nicht mein Briefkasten wäre, wessen dann? Und würde sie sich fürchten, ihn zu öffnen? Oder gäbe es eine Hoffnung, dass endlich ein bestimmtes Schreiben darin läge? Oder bekommt sie fälschlicherweise immer die Post einer gleichnamigen Frau aus dem Nachbarhaus? Hat sie deren Briefe schon einmal versehentlich oder absichtlich geöffnet? Oder hat dieser Briefkasten für sie eine ganz andere Funktion als Briefe darin zu finden? Welche?

Kleine Himmel

Die kleinen Himmel sind ein polnisches Kinderspiel, das meine Kollegin Ulrike Draesner in einem ihrer Workshops auf das Schreiben übertragen hat und das ich seitdem sehr liebe. Es fördert gleichzeitig Fokus und Assoziation und bietet gerade für lyrische Texte und Miniaturen facettenreiche Grundlagen. Sie können es überall spielen.

Gehen Sie los, da, wo sie gerade sind und suchen Sie einen Schatz, der in ihre Handfläche passt. Es sollten drei bis fünf kleine Gegenstände sein, die für Sie zusammengehören. Beispielsweise ein Blatt, ein kleiner Zweig, eine Nuss und eine Feder. Oder, etwas urbaner, ein Kronkorken, eine Zigarettenkippe (nun ja, vielleicht doch lieber etwas anderes?), ein Stück Moos vom Straßenpflaster. Bringen Sie diesen Schatz nach Hause, schützen Sie ihn vor fremden Blicken. Sichten Sie nochmal, was Sie da haben. Arrangieren Sie

die Kleinigkeiten zu einer Art Mosaik oder Collage. Was liegt nebeneinander, was unter dem anderen? Bilden Sie damit einen Kreis oder eine andere geometrische Form oder soll alles wie zufällig liegen? Wenn Sie zufrieden sind, stellen Sie sich einen Timer, zehn Minuten und Sie verlängern maximal auf zwanzig. Und dann schreiben Sie etwas Kleines über Ihren Schatz. Schreiben Sie vom Herbst, der in den kleinen Dingen sichtbar wird. Oder von der Zartheit des Mooses, die beständig ist in all der Straßenhärte. Sie dürfen eine der kleinen Lyrikformen zur Hilfe nehmen, Elfchen oder Haiku oder gänzlich frei und assoziativ schreiben. Lassen Sie sich überraschen von den Sätzen, die in und zwischen den Teilen Ihres Schatzes liegen.
Im Anschluss dürfen Sie den Schatz aufbewahren, zurücklegen, vergraben oder wegwerfen. Das bleibt Ihnen überlassen. Dasselbe gilt für den Text.

Kleine Himmel - Übung

Urbanes

Welche Schätze habe ich gefunden bei meiner Suche in der Stadt? Wie gehören sie zusammen? Was unterscheidet das eine vom anderen? Wie gelangten die Dinge hierher? Ist etwas Gefährliches dabei, etwas Geheimes, etwas Nützliches? Wie will ich sie arrangieren? Was fühlt sich passend an?
Was ist das Lied dieser Dinge?

Natürliches

Was habe ich in der Natur gefunden? Womit verbinde ich diese Dinge? Wie fühlen sie sich an, wie riechen sie, worin ähneln sie sich? Gehören sie zu einem Tier, zu einer Pflanze, zur Erde? Sehe ich darin das Tier, die Pflanze, die Erde, mich selbst?
Was ist das Gedicht dieser Dinge?

Anders als ich

Was finde ich, das anders ist als ich? Was lehne ich ab? Was in mir zieht diese Dinge dennoch an? Warum sind sie wichtig für mich? Was wäre, wenn das meine Lieblingsdinge wären? Und zu welchen Leuten, Tieren, Wesen gehören sie eigentlich?
Was ist der Dialog dieser Dinge?

TIPP

Die literarische Form der „Kleinen Himmel" ist ganz frei. Songtext, Gedicht, Prosaminiatur, Dialogszene – vielleicht verraten es Ihnen die Dinge selbst, in welcher Form sie sich gut aufgehoben fühlen…

Zu mir gehörig

Was finde ich, das zu mir gehört? Was sagen die Dinge über mich aus? Was ist ihnen gemeinsam? Wer würde mich in ihnen erkennen? Wem würde ich sie zeigen?
Was ist die kleine Geschichte dieser Dinge?

Ein Buch schreiben – auf einem DIN A Blatt

Diese Schreibübung kommt Ihnen vermutlich sehr entgegen: Schreiben Sie ein Buch. Schnell. Vielleicht haben Sie das in Ihrer Kindheit schon mal gemacht und können sich daran erinnern. Es funktioniert aber in jedem Alter und macht Spaß. Sie haben ein DIN A 4 Blatt zur Verfügung.
Sie falten es mittig einmal längs und einmal quer. Anschließend legen Sie es ausgebreitet im Querformat vor sich und falten die rechte und die linke Seite nach außen zur Mitte, so dass jetzt insgesamt 8 gleich große Rechtecke entstehen und vor Ihnen eine Art lange Ziehharmonika steht. Im Anschluss falten Sie das Blatt ganz auf. Legen Sie es quer vor sich, falten Sie es einmal mittig. Schneiden es an der geschlossenen Seite in der Mitte bis zur Hälfte ein. Sie öffnen es wieder und falten es nun längs. Schieben Sie es von den Seiten zur Mitte zusammen. Durch den vorher gesetzten Einschnitt öffnet es sich und bildet dann vier Abschnitte, die sie nun alle zusammen nehmen und so ein kleines Buch erhalten.
Wählen Sie einen Titel. Je banaler, desto besser. Das Frühstücksei. Die faulen Socken. Das dreckige Geschirr. Himmel über mir.
Und dann schreiben Sie das Buch in wenigen Sätzen. Orientieren Sie sich an Bilderbüchern für Kindern. Wenig Text und klare Aussagen. Zum Beispiel:
Nach der Wäsche lagen alle Socken im Korb. Alle Socken? Alle bis auf eine. Herr Blau mit gelber Ferse war hinter die Kommode gerutscht. Zuerst war er ein bisschen einsam und langweilte sich. Doch nur ein paar Tage später rutschte auch Frau Ringel nach unten. Frau Ringel war vorher Lieblingssocke gewesen und ständig unterwegs. Sie hatte selten Pause gehabt. „Wo bin ich hier gelandet?“, fragte Frau Ringel Herrn Blau mit gelber Ferse, „Und wie komme ich wieder zurück?“ - „Das hat Zeit bis morgen!“, sagte Herr Blau mit

gelber Ferse, „Ruh dich doch erstmal aus und spiel mit mir faule Socke". Das hörte sich gut an. Frau Ringel kuschelte sich mit Herrn Blau mit gelber Ferse zu einem blaugelben Ringelknäuel zusammen. Und das gefiel beiden dann so gut, dass sie zusammen mit einem einsamen Slip und einem Handschuh die Kommode 1 gründeten, eine faule Gemeinschaft dem Tragen entkommener Klamotten. Und wenn sie nicht gefunden sind, dann gammeln sie dort noch immer glücklich herum."

Geschichten dieser Art bekommt man wunderbar im Mikroformat unter. Machen Sie ein paar simple Zeichnungen dazu, gestalten Sie das Cover und die Rückseite oder schneiden Sie Bilder aus und kleben sie ein. Und seien Sie stolz. Sie haben heute ein Buch verfasst.

Belügen Sie sich damit nicht selbst? Müssten Sie nicht etwas Ernsthaftes schaffen, statt auf Kinderniveau klitzekleine Büchlein zu basteln?

Meine Beobachtung ist, dass diese Form der Kreativitätspflege sehr sinnvoll ist, wenn Sie an anderer Stelle Ernsthaftes schaffen wollen. Seien Sie freundlich zu sich selbst und Ihrem Gehirn, gönnen Sie sich einen kleinen Endorphin- und Dopaminshot. Das sind nämlich die Hormone, die ausgeschüttet werden, wenn wir ganz zufrieden und versunken freudvoll ein kleines Projekt realisieren und fertig machen.

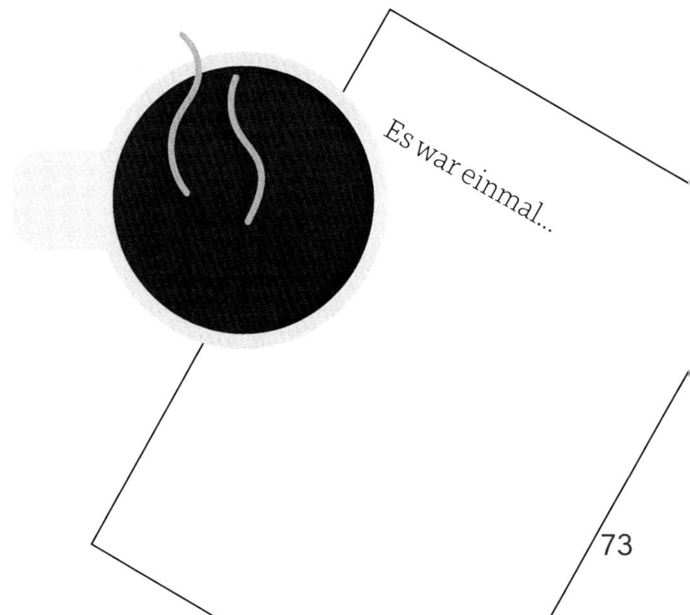

Bastelanleitung für das Büchlein

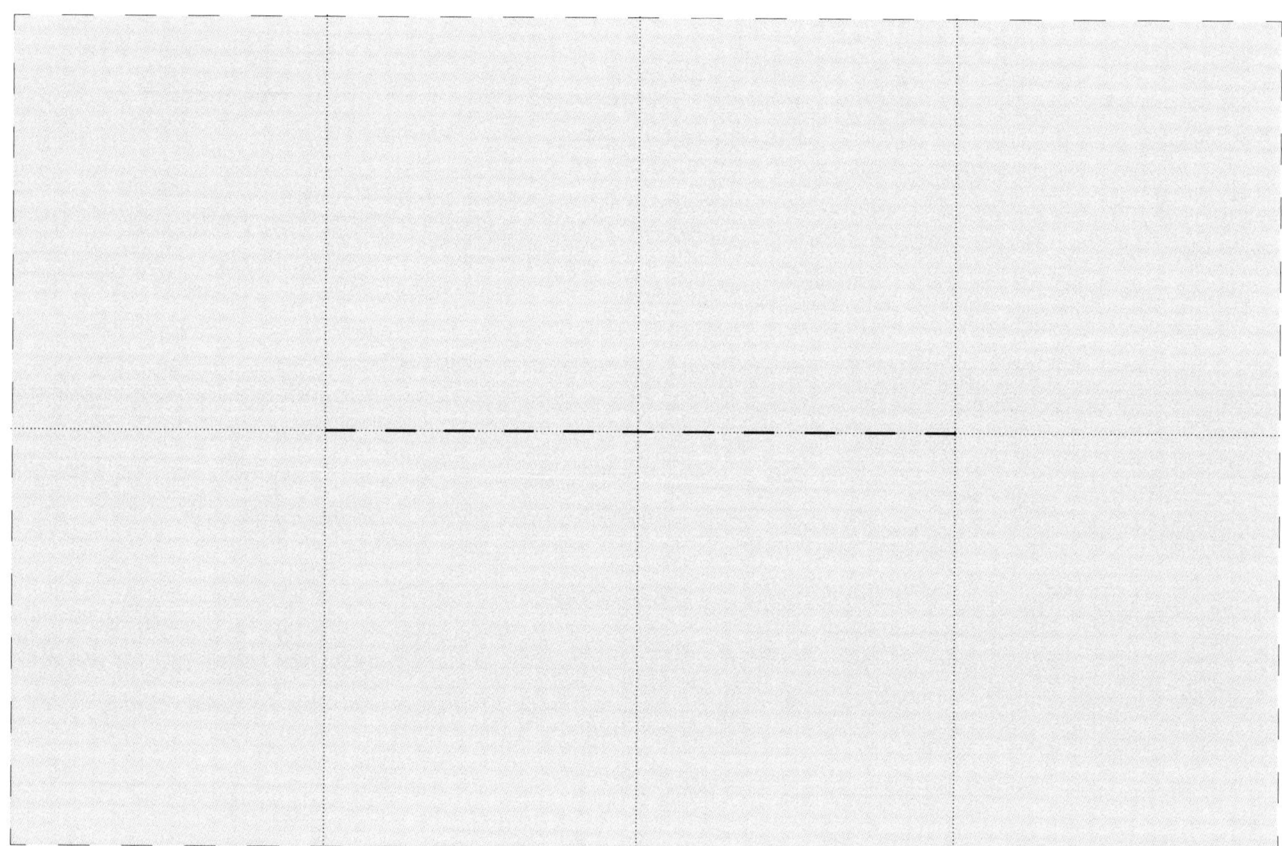

Linie falten — — — Schneiden

Alexandra Lüthen
Die faulen Socken
Schildhörnchen-Verlag

Nach der Wäsche lagen alle Socken im Korb.
Alle? Alle bis auf eine.
Herr Blau mit gelber Ferse war hinter die Kommode gerutscht.

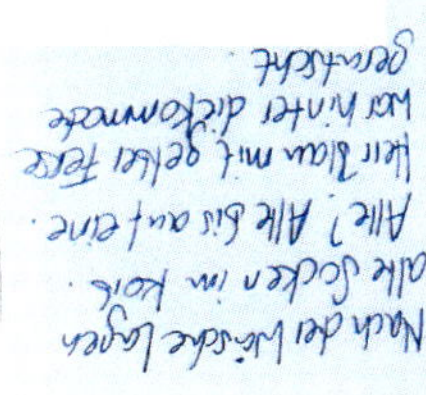

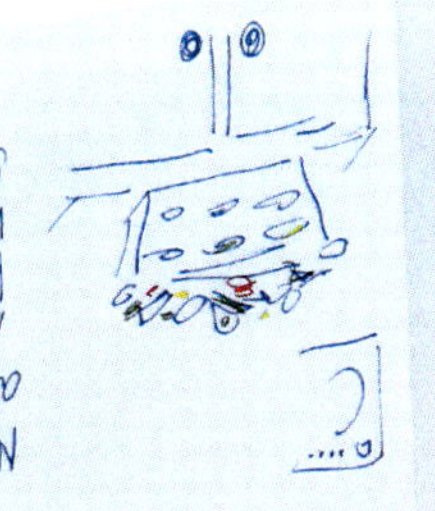

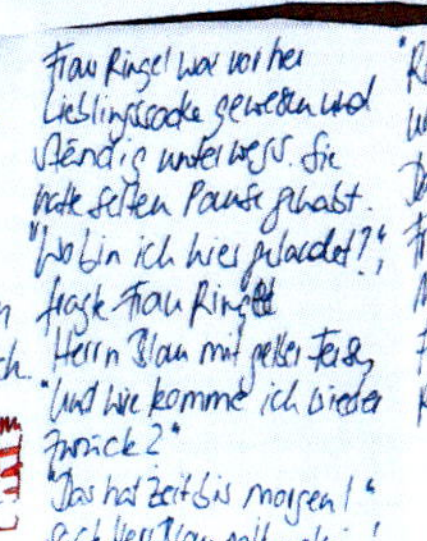
Zuerst war er ein bisschen einsam und langweilte sich.
Doch nur ein paar Tage später rutschte auch Frau Ringel nach unten.
Frau Ringel war vorher Lieblingssocke gewesen und ständig unterwegs. Sie hatte selten Pause gehabt.
„Wo bin ich hier gelandet?", fragte Frau Ringel Herrn Blau mit gelber Ferse. „Und wie komme ich wieder zurück?"
„Das hat Zeit bis morgen!", sagt Herr Blau mit gelber Ferse.
„Ruh dich doch erstmal aus und spiel mit mir faule Socke!"
Das hörte sich gut an.
Frau Ringel kuschelte sich mit Herrn Blau mit gelber Ferse zu einem blaugelben Ringelknäuel zusammen.

Klamotten.
Und wenn sie nicht gefunden sind, dann gammeln sie dort immer noch glücklich herum.

Schamlos lügen

Ihr Gehirn bettelt förmlich nach Plausibilitäten. Es will Ihnen die Welt erklären. Es möchte Strukturen entdecken und Regeln kennen. Machen Sie sich das zunutze. Bringen Sie Ihr Gehirn beim Schreiben in den Plausibilitätsmodus. Und werden Sie eine schamlose Lügnerin. Sie lügen aus beruflichen Gründen. (Passen Sie auf bei allem, was mit Kreditkarten zu tun hat, sonst haben Sie bald sehr viel Zeit zum Schreiben)

Fangen Sie an mit einer Aussage wie „In zwei Wochen ziehe ich nach Rostock." Und dann schreiben Sie einfach weiter. Sie werden vermutlich eine andere Wohnung in Rostock gefunden haben und einiges schon eingepackt haben, während noch viel zu viel herumsteht. Von was werden Sie sich bei dieser Gelegenheit trennen? Was bleibt zurück? Was wird ihr erster Weg in Rostock sein?

Wichtig bei dieser Übung: Bleiben Sie unrealistisch realistisch. Wenn Sie zu nah am Wahrscheinlichen oder Gewünschten bleiben, gerät die Schreibübung zu einem Zukunftsplan (Das ist auch nicht schlecht, hier aber nicht das Ziel. Wir wollen einfach Geschichten erzählen.)

Andere mögliche erste Sätze: Heute Morgen habe ich alle Messer weggeworfen. Oder: Das Radio läuft jetzt Tag und Nacht. Oder: In Wahrheit bin ich jede Nacht unterwegs, immer auf der Suche. Oder: Natürlich liebe ich ihn noch. Oder: Ich habe mich von ihm getrennt.

Schriftlich ist diese Übung schon ganz schön. Richtig gut wird sie im Gespräch mit jemand anderem, der auch Lust hat, mal ein bisschen herumzulügen. Durch das Nachfragen der Gesprächspartnerin werden Antworten provoziert, die unsere Geschichte vorantreiben. „Ich koche seit neuestem Fisch in der Spülmaschine"

– „Warum das denn?“ - „Es ist einfach energieeffizienter als zwei Geräte laufen zu haben und er wird dabei auch ganz zart“ – „Ist das nicht ein bisschen widerlich?“ - „Im Gegenteil. Anders als beim Braten hast du quasi null Geruchsentwicklung. Und der Fisch ist ja in einer Tüte. Die Kartoffeln übrigens auch, aber extra.“

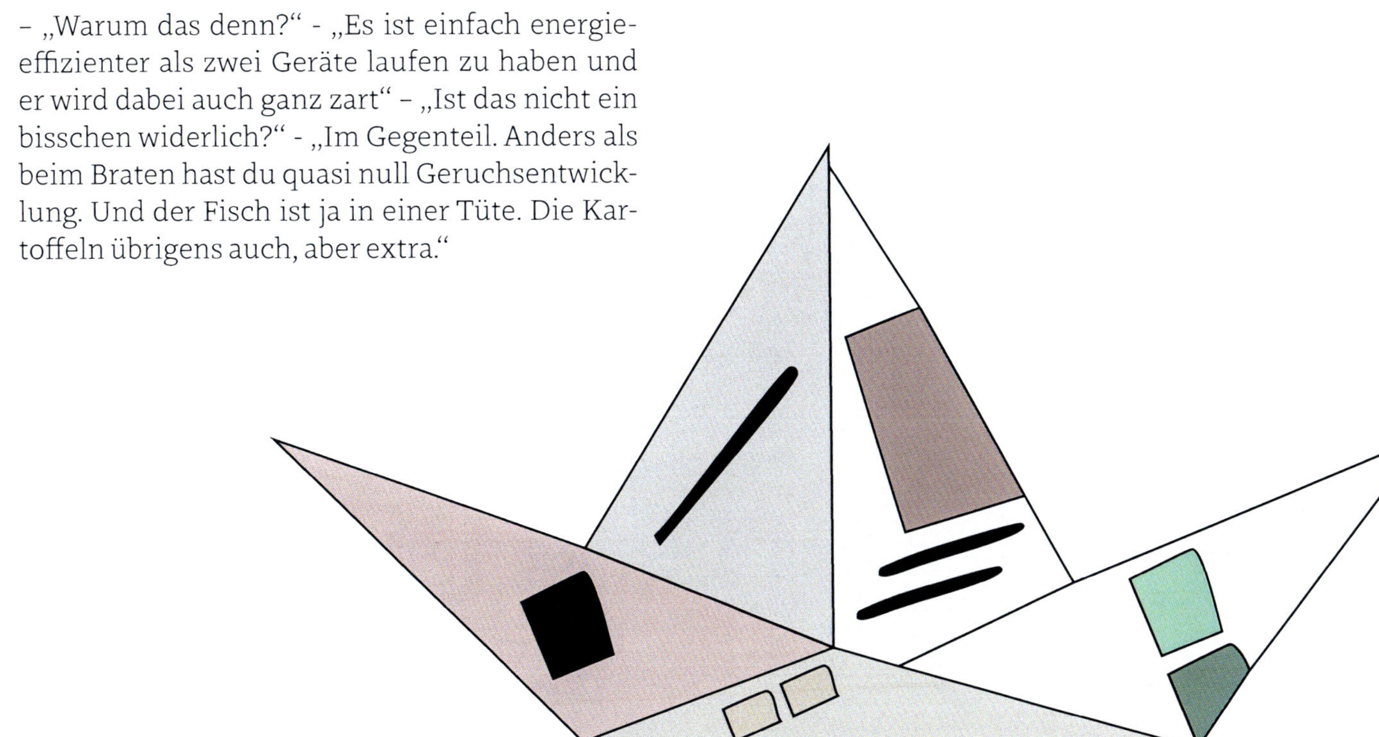

Schamlos lügen - Übung

Warum genau sind Sie im Zeugenschutzprogramm? Und wie kam das jetzt doch ans Licht? Was passiert nun? Was meinen Sie damit, dass Sie sich nun selbst beschützen können? Oder ist das gar nicht mehr nötig seit vorgestern?

Munter drauflos lügen

Sie sind eigentlich schon 93? Warum sehen Sie dann noch so verdammt jung aus? Und wie können Sie beweisen, dass das stimmt? Welche Dinge soll man keinesfalls essen und wie genau muss man schlafen? Wie alt sind denn dann Ihre Kinder und der Hund in Wahrheit?

Wann haben Sie angefangen, Ihre Haushaltsgegenstände anders als empfohlen zu benutzen? Wie kamen die Kartoffeln in die Waschmaschine, die Bücher in den Kühlschrank und was ist der Vorteil davon, dass Sie die Zimmerpflanzen föhnen?

Ihr altes Leben als Violinistin...

Wissen Sie noch, wie Sie Geige spielen lernten? Wie alt waren Sie da und wer hat es Ihnen unter welchen Umständen beigebracht? Was waren die Highlights Ihrer Zeit als Violinistin? Und wie kommt es, dass Sie heute nicht mehr spielen und auch keine Geige mehr besitzen und jetzt auch kein Stück vorspielen können?

Das Material an*leben*

Kommen wir zu einem weiteren erfreulichen Teil des Schriftstellerinnendaseins. Maxim Gorki sagte zwar einst, man müsse nicht in der Bratpfanne gelegen haben, um über ein Schnitzel zu schreiben, aber: Wenn es nicht gerade ein Schnitzel ist, lohnt es sich sehr, mal probehalber in die Welt hineinzuschnuppern, aus der Sie erzählen. Vor allem, wenn es Spaß macht. Spaß ist der Katalysator der Kreativität. Spaß ist ein zu flaches Wort – es geht um die satte Freude, darum, sich lustvoll im Erleben unbekannter Rollen zu wälzen, Situationen oder Welten auszukosten, in die man sonst nie geraten würde, hätte man nicht beschlossen, eine gewissenhafte und unerschrockene Schriftstellerin zu sein. Die Dosis bestimmen Sie selbst und Sie tragen auch die Verantwortung für die Konsequenzen. Aber tun Sie sich den Gefallen, immer wieder mal Ihr

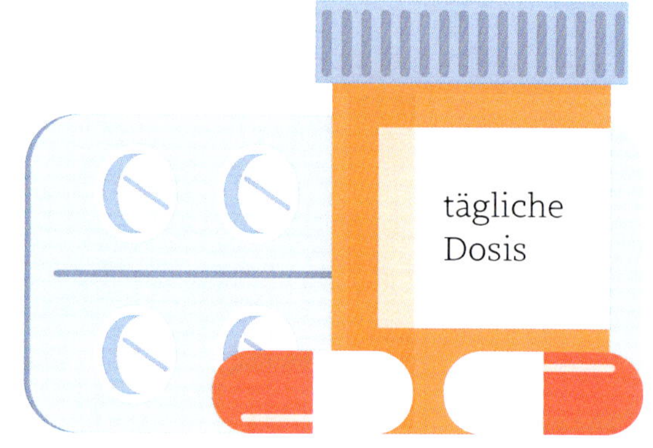

Material anzuleben. Betreiben Sie ein bisschen Papiercontainerwühlen auf der Suche nach privaten Informationen über andere Leute (machen Sie das vielleicht nicht in Ihrer direkten Nachbarschaft), wenn Sie einen Krimi schreiben. Gehen Sie alleine in eine Bar und fühlen sich mondän und verbunden mit Ihrer Heldin aus den Golden Twenties, deren Kurzgeschichte Sie gerade verfassen. Lassen Sie mal Fünfe gerade sein und verbringen Sie einen Tag im Bett mit Chips und Handyspielen, duschen Sie nicht und gehen nur im Notfall auf´s Klo, um sich authentisch in den behaglichen Mief eines 17-jährigen Schulabbrechers hineinzukuscheln, der es eigentlich ganz gut so findet, wie es ist.

Sie brauchen diese Erfahrungen nicht sofort zu verschriftlichen, aber Sie sollten sie verinnerlichen. Seien Sie präsent in dem, was Sie tun und spüren Sie Ihrer Wahrnehmung nach. Bleiben Sie länger dabei, gerade wenn es ungewohntes Terrain ist, auf dem Sie sich befinden. Warten Sie, bis sich Ihre eigene Aufregung gelegt hat und machen Sie sich mit dem Unbekannten soweit vertraut, bis Sie ein Normalgefühl darin erspüren können und so ins wirkliche Erleben Ihrer Charaktere oder Erzählerin eintauchen können.

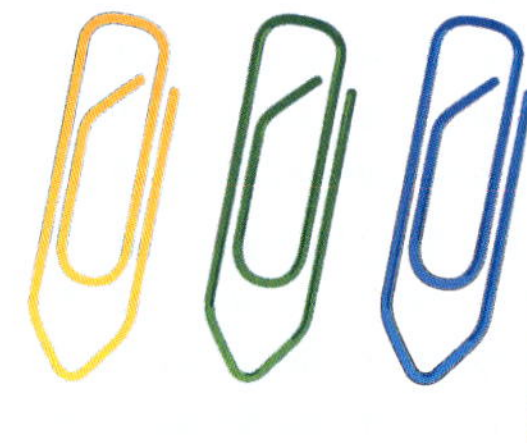

Glückspilz! Sonntagskind!

Lassen Sie sich einen Tag von allem begeistern. Sie sind einfach auf der Sonnenseite des Lebens. Sie haben so richtig Glück gehabt. Ihr Kaffee ist immer der Beste, Sie selbst sehen fantastisch aus, Sie haben die klügsten Gedanken und ständig passieren Ihnen tolle Dinge und sei es nur, dass Ihnen die besten Hunde auf der Straße entgegenlaufen. Dieses Wetter heute, ist es nicht ein Traum? Die Luft, die Arbeit, die Leute – Sie sind ein Glückspilz!

Workaholic versus Feierbiest

Machen Sie die Nacht zum Tag.

Variante A: Durcharbeiten

Variante B: Durchfeiern

Zweitkarriere

Sie bewerben sich für das Raumfahrtprogramm der NASA, als Clown in einem Zirkus, als Stuntman für eine Action-Produktion…
Halten Sie heute die Augen offen nach Gelegenheiten, die Ihnen helfen könnten, Ihrem Ziel näherzukommen. Wo könnten Sie heute mit ihrem physikalischen Wissen glänzen oder welche Fachzeitschriften wären interessant? Wo wären Ihre Fähigkeiten als Clown gefragt, weil die Situation ohnehin lächerlich ist? An welcher Stelle wäre Gelegenheit für eine beeindruckende Stunt-Einlage während des Supermarktbesuchs? Sehen Sie sich schon über die Gefriertruhen springen und vor der Käsetheke abrollen?

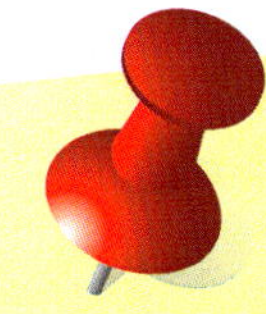

Moviestar

Suchen Sie sich einen Charakter aus einem Film oder einem Buch aus. Gestalten Sie einen Tag als dieser Charakter. Betrachten Sie die Welt aus seinen Augen, kleiden und bewegen Sie sich wie er, essen und trinken Sie das Gleiche, übertragen Sie seine Story in Ihr Leben…

Die Geschichte eines Gegenstandes

Die folgende Übung verrieten mir meine Kolleginnen Tanja Steinbrecher und Susanne Zeyse in einem Kurz-Workshop. Sie ist sehr einfach, lässt sich jederzeit an jedem Ort durchführen und liefert ganz erstaunliche Ergebnisse.

Schreiben Sie die Geschichte eines Gegenstandes. Das ist es auch schon. Sehen Sie sich in Ihrer direkten Umgebung um, suchen sich etwas aus und schreiben Sie darüber, woher es stammt und wie es entstanden ist. Sie können dabei beliebig weit ausholen. Halten Sie es einfach, jeder Gegenstand ist gut genug. Nehmen Sie den Stuhl, auf dem Sie vielleicht gerade sitzen. Vom Stuhl aus gehen Sie zurück in eine Fabrik oder eine Werkstatt und weiter zurück in einen Wald, in dem ein Baum wuchs, dessen Samen vor Jahrzehnten von einem anderen Baum auf die Erde fiel. Oder Sie wählen den Rahmen anders und beziehen sich bei der Geschichte des Stuhls auf die jüngere Vergangenheit und wie er aus dem Möbelgeschäft seinen Weg in Ihr Arbeitszimmer fand. Starten Sie einen Timer. Schreiben Sie zehn Minuten. Verlängern Sie auf maximal 15. Allerhöchstens 20 Minuten! Die Zeitbegrenzung ist aus drei Gründen wichtig: Sie erleichtert das Anfangen, sichert eine gewisse Dynamik beim Schreiben und schafft oft auch eine kleine Gliederung aus Einleitung, Hauptteil und Schluss, weil wir das bei abgeschlossenen Texten so gewohnt sind und es ins Kleinformat übernehmen. Sie können diese Übung beliebig variieren. Schreiben Sie sachlich über den Gegenstand, schreiben Sie aus der Ich-Perspektive des Gegenstandes, schreiben Sie gern auch als Besitzerin des Gegenstandes über ihn, aber halten Sie den Fokus auf dem Gegenstand.

Ein Schuh...

was ist seine Geschichte?

Die Geschichte
eines Gegenstandes - Übung

Schreibe:

Die Geschichte meines Küchenstuhls

Die Geschichte dieses Outdoor-Schuhs

Die Geschichte der Münze in meiner Hand

Die Geschichte des Glases voll Wasser

Ein Buchstabe anders

Kennen Sie das? Sie abreiten ganz konzentreiert an einem Text über Dentalhygiene und wie eichtig es ist, die Zahnbrüste regelmäßig zu erneuern. Und haben auf einmal sehr große Freude an den unverhofft verknüpften Synapsen, die Ihnen beim Gegenlesen eine Geschichte von einem Pferd, einem Huhn und einer Frau mit sehr gefährlichem Dekolletee erzählen können.

Und jetzt machen Sie das Ganze mit Absicht. Ein Buchstabe anders genügt. Idealerweise suchen Sie sich eine Spielpartnerin und schicken sich Textnachrichten hin und her. Es ist wahnsinnig schwer, danach wieder auf ein ernsthaftes Gesprächsniveau zurückzukehren. Aber: Man muss Opfer bringen für das Schreiben und die Pflege der kreativen Kraft.

Nehmen Sie ein beliebiges Wort und tauschen Sie einen Buchstaben. Bedienen Sie sich aus dem Vorratskummer ihres Gehirns. Sie müssen nicht an der Feenuniversität studiert haben oder sonderlich entelligent sein, um neue Wärter zu finden.

Wenn Sie Lust haben, schreiben Sie im Anschluss eine kleine Geschichte über den Holibri oder wie fürchterlich nervös man wird, wenn man zu viele Hektarinen isst. Stellen Sie sich vor, wie der Mahnkuchen Ihnen beständig etwas darüber erzählt, dass Sie dem Zucker abschwören sollten.

Was das mit dem ernsthaften Schreiben zu tun hat? Viel. Sie gewöhnen Ihr Gehirn daran, dass die Beschäftigung mit Wörtern unglaublich leicht und freudvoll ist. Das überträgt sich auch auf das ernsthafte Arbeiten und nimmt den Druck. Der Vorratskummer könnte vielleicht auch eine Tür aufstoßen zu einer Kurzgeschichte über einen Mann, der immer schon traurig war, bevor es dafür einen Anlass gab. Solche Männer gibt es, nicht nur in der Nonsens-Literatur, sondern auch ganz regulär in interessanten Romanen.

Das Spielen mit Wörtern und Ideen bringt Sie grundsätzlich näher an sich und Ihr eigenes Erzählen heran. Haben Sie keine Angst vor Blödsinn. Machen Sie welchen. Reichlich.

Ein Buchstabe anders - Übung

Hier sind als erste Auswahl ein paar Wörter, die ihre Bedeutung drastisch verändern, wenn Sie nur einen Buchstaben ändern, entfernen oder vertauschen.

REGENMANTEL

BUTTERCREMETORTE

LACKSCHUH

NUDELGERICHT

LEDERHOSE

MAULTASCHEN

KRAWATTENNADEL

ZUCKERGUSS

HUTSCHACHTEL

PUDERZUCKER

WINTERMORGEN

SONNENSTAND

HITZEWELLE

SOMMERREGEN

HERBSTWIND

GESCHENKPAPIER

LIEFERDIENST

NOTFALLNUMMER

FESTTAGE

STAUBSAUGER

„Das Gegenteil“

Zusammengesetzte Hauptwörter bieten die Möglichkeit mit einem kleinen Tausch eines Teilwortes gänzlich neue Dinge zu erschaffen. Wie wäre es, wenn Sie in diesem Sommer mal Regenblumen pflanzten oder Sonnenwürmer suchen gehen? Was ist, wenn Sie im Herbst Hainüsse pflücken statt der ewigen Walnüsse? Und warum kaufen Sie nicht mal zusätzlich zu den Allzweck-Gefrierbeuteln auch Nullzweck-Gefrierbeutel, in denen Sie alles einfrieren, was ohnehin keinen Sinn hat? Was stünde in den Unglückskeksen nach dem Restaurantbesuch und wer hat diese Schlechtwerde-Folie ins Regal gelegt? Wäre es nicht praktisch, wenn die Lichtschalter auch echte Dunkelschalter wären und gibt es neben Nachtfaltern auch Nachtknüller?

Gehörten die zu einer Familie, die sich vor langer Zeit entzweit hat? Wie wäre es, wenn es zum ungewollten Stau auch einen ungewollten Rush gäbe, der einen weitaus schneller ans Ziel bringt, als man jemals da sein wollte.
Verändern Sie nur ein Wort und landen Sie in einer ganzen Geschichte.

Übung

1

Statt des teuren Meister Proppers haben Sie Lehrling Propper gekauft, die Spülbürste durch einen billigeren Spülkamm ersetzt und sich von der Firma Nachwerk den günstigen Staubspeier aufschwatzen lassen. Wie gerät Ihr Spätjahrsputz?

2

Abends stellt sich Miguel seinen Schläfer auf 22.30 Uhr. Auch wenn er überhaupt keine Lust hat einzuschlafen, reißt ihn der Schläfer in die Träume. Manchmal drückt Miguel noch ein, zwei Mal die „stay awake" Taste, aber spätestens danach ist an Wachsein nicht mehr zu denken…

3

Bei einer Wanderung in den Schweizer Bergen entdecken die Kinder auf einem sonnigen Felsen eine Meineidechse…

4

Statt des „Ruhige Nacht" – Tees haben Sie wohl einen Beutel „Wilde Nacht" – Tee erwischt…

Mit anderen Worten

Wollen Sie schreiben wie eine Nobelpreisträgerin? Dann empfehle ich Ihnen das, was Herta Müller macht. Seit Jahrzehnten sammelt sie Wörter, die sie aus Prospekten, Broschüren und Zeitschriften ausschneidet und anschließend auf DIN A 6 großen Karten zu Sätzen anordnet, ergänzt um ebenfalls ausgeschnittene kleine Bilder. Sie liebt an diesem Arbeitsprozess, wie sich die Bedeutung der Wörter ändert oder offenbart, wie aus der zunächst zufälligen Anordnung eine bestimmte Richtung wird, in die die Geschichte geht und das mit dem Ende der Karte immer auch das Ende des Textes erreicht sein muss. Innerhalb des Kartenformats gibt es wiederum viel Freiheit und Möglichkeiten Wort und Bild anzuordnen. Herta Müller betrachtet diese Karten als kleine Bühnen, auf denen die Texte ihre Kulisse

gleich selbst mitbringen.
Gönnen Sie sich das Vergnügen und arbeiten Sie mit anderen Worten. „Eine poetische Manie" nennt Herta Müller es und möglicherweise stecken Sie sich damit an, wenn Sie einmal damit begonnen haben. Wann immer ich in Workshops meine Collage-Kisten auspacke, verfallen die Schreibenden in einen Rausch des Wühlens und beglückten Findens und beschenken sich selbst mit Texten, von denen sie glauben, dass sie sich diese niemals „selber ausdenken" könnten. Doch, doch. Es ist einfach eine andere Technik. Wir suchen die Wörter außerhalb von uns, erleben die Vielfalt, weil vor uns erkennbar eine Menge zur Auswahl liegt und treffen Entscheidungen leichter, weil wir ja ganz nachvollziehbar das Format haben, auf das am Ende alles passen soll. Dazu die Möglichkeit, immer wieder Bilder als Hintergrund, Zentrum oder Ergänzung zu verwenden und so die Atmosphäre zu gestalten, in der dieser Text stattfindet.

Buchempfehlung

Mit anderen Worten -Übung

Fangen Sie an, mit dem, was Sie haben.
Werbeprospekt, Tageszeitung, Kundenzeitschrift, Magazin.
Und legen Sie sich gleich zwei Kisten an,
eine für Wörter, eine für Bilder.

kleben

DAS LEBEN IST BUNT

SCHNEIDEN

LIEBE

Wörter und Bilder zu sammeln, auszuschneiden, einzusortieren ist eine der besten Beschäftigungen in Phasen fehlender Inspiration.

Die Ostsee im Badezimmer, der Gipfel der Zugspitze in der Abstellkammer

Falls Sie dieses Workbook bis hierhin durchgespielt haben, wissen Sie vermutlich schon, dass Ihre Wohnung anders als die Wohnung Ihrer Nachbarn ein magisches Universum ist, in dem prinzipiell alles passieren kann, was Sie ersehnen oder fürchten. Bei der folgenden Übung machen wir es uns gewohnt einfach und starten wieder im Vertrauten, in der Routine ihrer Lebensumgebung. Allerdings ändern wir gedanklich den Inhalt einiger Zimmer. Haben Sie einen Sehnsuchtsort? Bei vielen Menschen ist es das Meer oder sind es die Berge. Und ist es nicht allzu schade, immer lange Reisen machen zu müssen, um dorthin zu gelangen? Nehmen Sie doch die Abkürzung. Stellen Sie sich vor, Sie öffnen nichtsahnend Ihre Badezimmertür und dahinter beginnt die Ostsee, der Atlantik oder das Mittelmeer. Herrlich, oder? Erkunden Sie

diese Möglichkeit. Bleiben Sie ganz realistisch bei sich als Person und schreiben Sie über die Veränderungen in Ihrem Leben, seit Sie zwar nicht mehr zu Hause duschen und auf´s Klo können, dafür aber ständig zwischendurch am Strand spazierengehen. Stellen Sie sich vor, Sie wollen nur ein T-Shirt aus Ihrem Schrank nehmen, entdecken dabei aber, dass sich in der Rückwand Ihres Schranks ein Fenster mit Blick auf das atemberaubende Alpenpanorama befindet. Sie öffnen es, frische Luft strömt herein und Sie hören Kuhglocken bimmeln. Und lehnt da nicht eine Leiter am Fenstersims?

In diesem Sinne: Erhöhen Sie den Wohnwert Ihrer Bleibe nach Belieben, machen Sie Türen zu unbekannten Räumen auf und betreten diese anschließend. Wichtig ist, immer wieder zurückzukehren in die Realität und Logik des bekannten Lebens, um einen erzählerischen Kontrast zu erzeugen. Lassen Sie es nicht nur einen Traum sein, sondern Alpenfantasien und Albträume wahr werden. Wie verbergen Sie die Ostsee, wenn Besuch kommt? Was machen Sie mit dem ganzen Urlaub, den Sie nun nicht mehr brauchen? Und was passiert, wenn die Bergziege doch tatsächlich in Ihren Kleiderschrank kraxelt?

Die Ostsee im Badezimmer - Übungen

Wohin führt Ihr Keller wirklich?

Wenn Sie in Ihrem Gefrierschrank mal alle Schubfächer herausnehmen und die gläserne Schiebetür an der Rückwand öffnen…

Welches Meer ist
hinter Ihrer Badezimmertür?

Und welche „Wohnlandschaft" haben
Sie seit neuestem in Ihrem Wohnzimmer?

Listen

Das Arbeiten mit Listen ist unter Schreibenden seit Jahrhunderten so beliebt, dass es ein eigenes Genre begründet hat: Die poetische Liste.
Poetische Listen sind als Schreibübung so gut geeignet, weil Sie einerseits Achtsamkeit, Beobachtung und Formulierung fördern, gleichzeitig oft ein „fertiges" Ergebnis bringen, weil sie in sich schlüssig sind. Auch, wenn die Liste offen bleibt, weil sie im Prinzip immer noch ergänzt werden könnte, entstehen durch Listen Miniaturen, die wir als geschlossen lesen können. Schreiben Sie also Listen. Eigene und die Listen fiktiver Charaktere. Machen Sie Inventur in der Natur und erfassen Sie:

- schwarzgefrorener See
- Neuschnee
- Morgensonne, noch diesig
- Fuchs, orange am Waldrand entlang schnürend

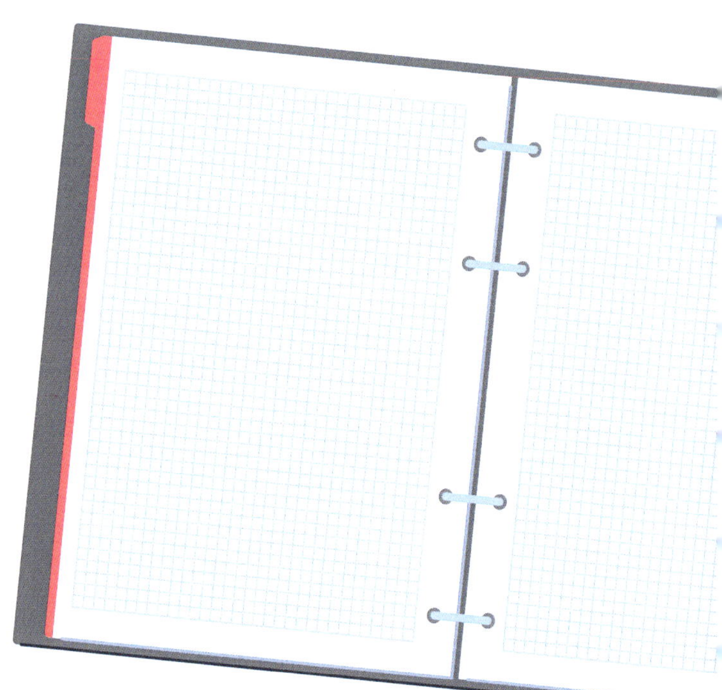

Schreiben Sie die Liste „Was ich dir leider nicht gesagt habe"

- es liegt nicht an dir
- ich war vorher schon gereizt
- ich hab es an dir ausgelassen
- es ist glatt heute
- man sieht die Baustelle viel zu spät
- bitte bleib

Schreiben Sie eine Liste der Dinge, die Serienmörder auf eine einsame Insel mitnehmen oder eine Liste ehrlicher Lieder, die auf Hochzeiten zu selten gespielt werden, machen Sie Einkaufslisten für Narzissten und To-Do-Listen für schüchtern Verliebte, Listen seltener Tiere, die es nicht gibt und Listen der überflüssigsten Floskeln bei Depression. Eigentlich lässt sich alles in Listen fassen.

Wenn es hakt, bestimmen Sie vorher die Anzahl der Stichpunkte, also bspw. „7 Gründe, ihn heute noch zu verlassen". Das Gehirn fokussiert sich eher darauf, eine konkrete Aufgabe zu erfüllen (7 Gründe), als unbestimmt herumzudenken. Nebeneffekt: Es tauchen beim Notieren der Stichwörter ganze Geschichten auf, die Sie dann gerne auch noch schreiben dürfen. Aber wann immer Sie Zeit haben: Schreiben Sie eine kleine Liste. Fangen Sie vielleicht damit an, eine Liste zu erstellen, welche Listen Sie gerne schreiben würden.

Listen-Übung

To-Do-Liste des Zitronenfalters

Dinge, die Pinguine heimlich planen

5 Absurde Superheldenkräfte

Weitere *Ideen* für Listen:

Was dir dein Hund niemals sagen würde
Was Katzen denken, die Menschen beobachten
7 Alternative Verwendungen für Socken
12 Ungewöhnliche Tierkreiszeichen
3 Alternative Talent-Wettbewerbe
Urlaubsorte, die niemand besuchen will
Dinge, die ich gerne tun würde
Dinge, die ich gerne niemals getan hätte
Tage, bei denen ich froh bin, dass sie vorbei sind

Die zehn Gebote einer unglücklichen Ehe

Yoga-Positionen aus der Hölle

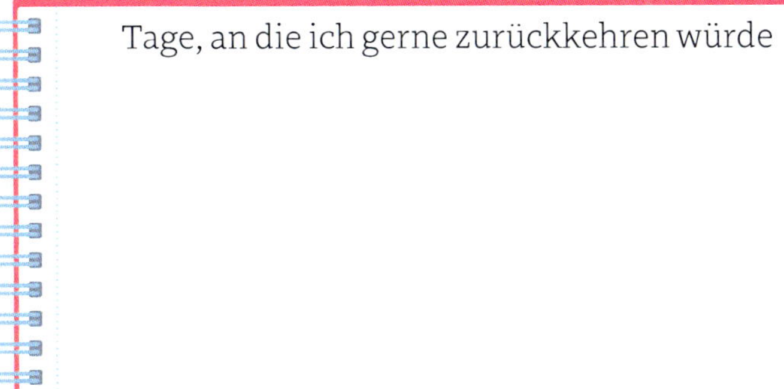

Mut zur Eskalation – alles ist super!

Von der folgenden Schreibübung waren meine Workshop-Teilnehmenden so begeistert, dass ich sie gerne auch hier vorstellen möchte. Ursprünglich hatte ich sie entwickelt, weil die Übertreibung und Eskalation als Mittel und Ausdruck auch in der bildenden Kunst eine wichtige Rolle spielt und ich das übertragen wollte. Im Literarischen lockert das Denken im Extrem das Schreiben, weil die Richtung feststeht. Danach lassen wir die Sachen einfach völlig aus dem Ruder laufen. Denken Sie sich einen Protagonisten aus, je gewöhnlicher, desto besser.
Ihr Protagonist erwacht an einem normalen Morgen in seiner vertrauten Umgebung. Doch etwas ist anders. Aus dem Kühlschrank fallen ihm im Dutzend Butterpäckchen entgegen, aus der Shampooflasche ergießt sich ein kaum enden wollender Strom Haarwaschmittel. Folgen Sie Ihrem Protagonisten durch den Tag. Es ist ein Tag voller Superlative. Die Sonne scheint extrem grell, so, als gäbe es fünf Sonnen. Im Gespräch mit einem Nachbarn gelingt es dem Protagonisten nicht, das Normallevel der Kommunikation zu halten. Unkontrolliert schwappen die Worte aus dem Mund…
Es war fantastisch, die Ergebnisse der Workshop-Teilnehmer zu hören und ihren verblüfften, verzweifelten, begeisterten Protagonisten zu fol-

gen, die doch einfach nur einen völlig normalen Tag erleben wollten.

Warum diese Übung hilfreich ist: Sie sind gedanklich damit beschäftigt, zu eskalieren. Und können selbst gespannt beobachten, wie ihr Protagonist darauf reagieren wird und versucht, die Situation zu retten oder ihr zu entkommen. Das treibt auf spielerische Weise das Schreiben voran.

Übung

Schreibe den Text weiter:

Es ist ein völlig normaler Morgen.
Carolina erwacht in ihrer
gewohnten Umgebung.
Zeit für eine Tasse Kaffee...

„Ohne Worte“

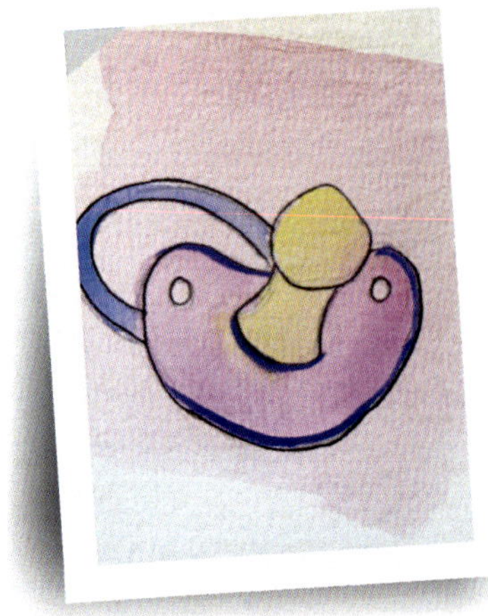

Lassen Sie die Dinge für sich selbst sprechen und stellen Sie sich in der folgenden Übung vor, Sie dürften nichts mit Worten erklären. Dafür haben Sie unbegrenzt viel Material zur Verfügung, um Geschichten darzustellen und beliebig große oder kleine Räume, um dieses Material zu platzieren. Denken Sie an intensive Phasen Ihres Lebens und welche Materialien und Gegenstände dafür stehen würden. Wie viele Liter Kaffee haben Sie in Prüfungszeiten getrunken? Sehen Sie die Wannen voll Nutella, die Sie möglicherweise auf Berge von bleichen Weißbrot-Toasts gestrichen haben? Wie lang ist die Wäscheleine des Weißen Riesen, wenn Sie jedes Unterhöschen darauf hängen würden und jede Socke und alle T-Shirts, die Sie schon getragen haben? Betrachten Sie beim Gedanken an Lebensphasen mal nur diese Bilder und überzeichnen Sie diese. Die Idee für diese Übung hatte ich bei einer Ausstellung von Thomas Rentmeister, der mit Alltagsgegenständen surreale Räume erschafft. Sehen Sie sich das zur Inspiration gerne mal an!

Übung

Sie sind Aktionskünstlerin und gestalten eine Raum-Installation. Denken Sie an eine anstrengende Lebensphase (Ausbildung, Liebeskummer, Babyzeit, Krankheitsphase, große Liebe) und welche Gegenstände dafür stehen. Sie haben diese Gegenstände in absurd großer Zahl zur Verfügung, z.B. palettenweise Babywindeln, Wundschutzcreme, Schnuller und Babyphone. Beschreiben Sie Ihre Installation, kleistern Sie die Wände dick mit Creme, häufen Sie Windeln zu weichen Bergen, lassen Sie Klänge durch die Babyphone schallen…

Fremde Zettel

Eine meiner Lieblingsübungen besteht darin, mir Geschichten einzukaufen, statt mir selbst mühsam welche auszudenken. Ich gehe einfach in den Supermarkt und komme mit einem Einkaufswagen voller Ideen zurück. Wie oft haben Sie schon liegengelassene Einkaufszettel gefunden? Zukünftig sammeln Sie diese bitte. Und nehmen die authentischsten Helden der Welt mit nach Hause. Diese kleinen Schnipsel der Inspiration reichen, um Ihr Gehirn auf die Spur zu bringen. Wie weiter vorne schon erwähnt, bettelt unser Gehirn nach Plausibilität und Bestätigungen seiner Vorurteile und Annahmen. Es kann gar nicht anders, als seine Schlüsse zu ziehen, wenn es einen kleinen eng beschriebenen Zettel findet mit den Zutaten für ein edles Festessen plus einem schwungvollem „Bier!!!“ in anderer Handschrift. Betrachten Sie unbedingt auch die Rückseiten. Vielleicht ein alter Kassenbon oder ein vergangenes Kalenderblatt mit launiger

Empfehlung für den Tag? Wie wurde geschrieben? Gehuscht mit weichem Bleistift, kraftvoll gestochen mit dem Kugelschreiber? Sind die Wörter ausgeschrieben oder gibt es kleine familiäre Abkürzungen wie Stinki-Käse und ToiPa feucht + trocken?

Gehen Sie also zukünftig Geschichten einkaufen. Sortieren Sie die Lebensmittel in den Kühlschrank und nehmen Sie sich den Zettel vor. Zehn Minuten für eine Miniatur. Schreiben Sie den inneren Dialog der Frau, die beim Supermarkteinkauf unbedingt an neue Strumpfhosen 40 DEN denken will. Schreiben Sie die Szene, in der der Einkaufszettel an den unwilligen Teenager übergeben wird, der Hackfleisch mitbringen soll, obwohl er seit zwei Monaten Veganer ist. Oder das Liedchen, das sich das Kind ausdenkt, als es mit dem Zettel in der Hand die Treppe hinunterhüpft. Die Gedanken des alten Mannes, der immer noch für sich selbst sorgen konnte und jetzt wegen des schlimmen Beins zum ersten Mal der Nachbarin einen Zettel schreibt, die ihm ja schon ungezählte Male angeboten hatte, für ihn miteinzukaufen. Er schämt sich für Schauma gegen Schuppen, aber das Shampoo ist nun mal aufgebraucht.

Sie merken schon: Lassen Sie sich einfach was erzählen. Denken Sie sich nicht angestrengt etwas aus. Es gibt schließlich echte Personen, die diese Zettel geschrieben haben. Kommen Sie ihnen auf die Spur. Nur für die Dauer eines klitzekleinen Kurztextes.

Vorsicht: Daraus sind bei anderen Schreibenden schon ganze Kurzgeschichtenbände entstanden. Kann Ihnen auch passieren, wenn Sie nicht aufpassen. Passen Sie also nicht auf. Schreiben Sie einfach immer weiter. Es dauert, bis so ein schlimmes Bein geheilt ist. Und Teenager werden groß. Da kann eine Menge passieren.

Fremde Zettel - Übung

Kleben Sie hier Ihre Fundstücke ein,
ob Kassenbon, Einkaufszettel oder verlorene Notiz.

Dritter Teil
Veröffentlichen

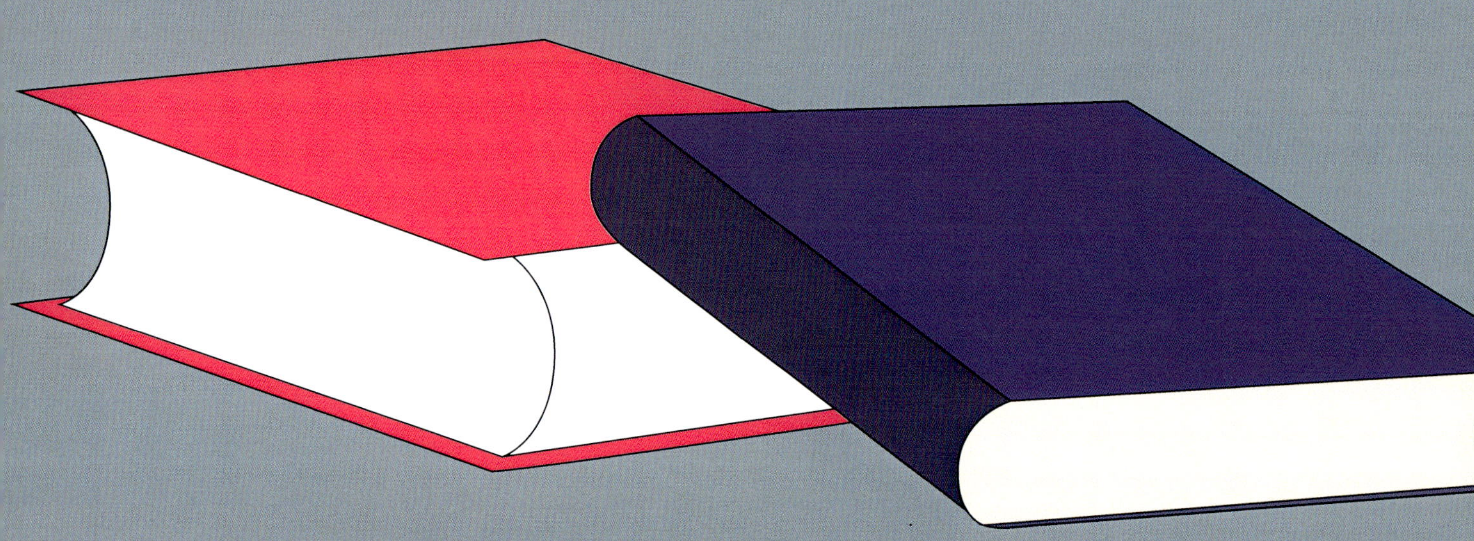

Im dritten Teil dieses Workbooks möchte ich Sie gerne von Ihrem Schreibtisch weglocken, hinaus auf den Literaturmarkt mit seinen vielen Ständen, Verkäufern, Marktschreiern und natürlich seiner wunderbaren Kundschaft. Da wollen Sie ja hin, nicht wahr?
Verlassen wir also den spaßigen Teil des Schreibens und widmen uns der Arbeit. Ziehen Sie sich warm an und stellen Sie sich auf weite Wege ein. Die wenigsten haben ein Paar Siebenmeilen-Stiefel im Schuhschrank, sondern gehen barfuß. Der Weg führt über kleine Veröffentlichungen über Wettbewerbe zu Stipendien zu größeren Veröffentlichungen zu Verlagen zu einem Buch. Allen bekannt ist die Abkürzung „Selfpublishing" – das Buch schreiben muss man allerdings trotzdem und einige Extrarunden laufen, um Lektorat, Korrektorat, Vermarktung und Vertrieb sauber abzuarbeiten.
Wenn das alles so spaßfrei und anstrengend sein sollte, warum schreibe ich dann in diesem launigen Workbook darüber, wo es die ganze Zeit um Lust und Leichtigkeit geht? Weil Sie sich die Prinzipien des spielerischen Schreibens auch bei den ernsthaften Aufgaben zunutze machen können. Sie sind es als Schriftstellerin so gewohnt, Ihre Charaktere und Protagonisten als echt zu betrachten, dass es Ihnen viel leichter als anderen Menschen fällt, auch die eigenen Persönlichkeitsanteile auf die innere Bühne zu rufen. Und um diese geht es in diesem Kapitel.

Das innere Team

Erinnern Sie sich an die Einleitung, wo ich schrieb, die Schriftstellerin in Ihnen bräuchte Ruhe und der innere Kritiker sollte lieber die Besteckschublade sortieren? Bei den organisatorischen und formalen Aufgaben des Schreibens gilt dasselbe. Die Schriftstellerin soll sich bitte auf Ihr erzählendes Schreiben konzentrieren. Sie sollte nicht damit behelligt werden, ihr Manuskript einzureichen und dann stapelweise Standardabsagen zu lesen. Das tut ihr nicht gut. Das hat auch nichts mit konstruktiver Textkritik zu tun. Wir sind hier in einem anderen Gebiet, dem wirtschaftlich orientierten Buch-Business. Da haben Schriftstellerinnen nichts verloren, das überlassen wir den hartleibigen Sekretärinnen und bissfesten Managerinnen. Aber wo findet man eine, wenn man sie braucht? Gehen Sie mal von Ihrem Ostsee-Badezimmer zum Alpen-Kleiderschrank und kommen Sie verwandelt zurück. Seien Sie Ihre eigene Sekretärin, werden Sie eine begeisterte Managerin für sich selbst. Das funktioniert mit ein bisschen Übung ziemlich gut. Vermutlich haben Sie in Ihrem Leben schon Emails verschickt, Unterlagen rechtzeitig abgegeben oder sich für eine Sache engagiert, die Ihnen wichtig war. Neu ist es vielleicht, sich dieses Engagement, diese Sorgfalt und Zuverlässigkeit jetzt gezielt selbst zukommen zu lassen und ganz bewusst von den Inhalten zu trennen. Die Büro-Aufgaben gehören einfach dazu, wenn Ihr Schreiben sichtbar werden soll, sind aber oft emotional überfrachtet, weil soviel kreative Energie und Ausdauer in das Manuskript geflossen sind und Sie es gewissermaßen als Ihr Baby betrachten, das nun der Welt begegnen wird. Und bei Dingen, die unser Baby bedrohen, reagieren wir hochempfindlich und emotional. Traurig, wenn unser Baby keinen Anschluss findet, böse, wenn jemand unser Baby als hässlich bezeichnet, besorgt und frustriert, wenn jemand sich eigentlich darum kümmern wollte, es aber ewig herumliegen lässt, verzweifelt bei dem Gedanken, dass dieses Baby vielleicht niemals groß werden wird... All diese Emotionen nützen dem Baby allerdings überhaupt nichts. Das Baby braucht die Schriftstellerin als seine Schöpferin und darüber hinaus braucht das Baby Personal.

Das innere Team - Übung

Aufgaben Ihrer inneren *Schrifstellerin*

Aufgaben Ihrer inneren *Sekretärin*

Aufgaben Ihrer inneren *Chefin*

Aufgaben Ihrer inneren *Praktikantin*

Aufgaben Ihrer inneren *hochmotivierten Verkäuferin*

Aufgaben Ihrer inneren *guten Mutter*

Absagen? Abhaken!

Es wäre nicht ehrlich, wenn wir hier nur ein rosarotes Wünschdirwas-Paradies malen würden. Veröffentlichen findet im echten Leben statt und wir müssen uns in der rauhen Verlagslandschaft zurecht finden und ein Obdach für unser Buchbaby finden. Bereit?

Die schlimmen Fakten vorneweg: Von 100 guten Ideen werden nur 2 erfolgreich realisiert und bei 10 Anfragen bekommen Sie 8 oder 9 negative Antworten. Das geht nicht nur Buchautor:innen so, sondern vielen Menschen, die Ideen realisieren. Ich könnte hier von J.K. Rowling erzählen und wie lange es gedauert hat, bis Harry Potter endlich seinen wohlverdienten Buchdeckel bekam oder natürlich den legendären Überraschungserfolg von E.L. James zitieren. Es ist aber viel weitgreifender, sich anzusehen, wie lange es mitunter gedauert hat, bis sich unbestritten gute Ideen wie die Glühbirne, der Ton-Film oder die Idee eines personal computers durchsetzen konnten. Denken Sie an den guten, alten Edison mit seinem leuchtenden Draht und erhellen Sie damit das eigene Gemüt. Sie haben Edison gegenüber den klaren Vorteil, dass die Welt längst vertraut mit Büchern ist und in den letzten Jahren offener für neue Formen des Lesens. Sie müssen nicht das Buch in die Welt tragen, sondern nur den richtigen Ort für Ihren Text finden. Es gibt viel mehr Möglichkeiten, als nur den klassischen Verlags- oder Agenturvertrag und mit dieser Sicherheit in der Hand können Sie sich entspannter dem Veröffentlichen zuwenden.

Trotzdem werden Sie wahrscheinlich einige Absagen bekommen. Betrachten Sie es bitte so: Das ist die Normalität einer Schriftstellerin. Es ist vollkommen normal, Absagen zu bekommen. Und kein vernünftiger Mensch würde sich dadurch beirren lassen. Es gehört einfach dazu. Es braucht viele grüne Häkchen auf einer Liste, bis der Prozess „von der Idee zum Buch im Handel“ abgeschlossen ist. Und viele steigen am spannendsten Punkt aus, weil die Frustration und der Zweifel siegen.

Wie kann man damit umgehen? Fragen Sie Ihre innere Sekretärin. Die würde sagen: „Die ganze Arbeit haben wir doch nicht umsonst gemacht. Außerdem ist die Schriftstellerin, für die ich arbeite, super! Das weiß sie nur manchmal nicht. Ich übernehme das jetzt mal und mache einfach zwei Listen. Eine für die roten Häkchen und eine für die grünen. Ich sorge dafür, dass das Exposé und die Leseprobe gut sind und dann schicke ich das raus. Das werden wir ja sehen! Und ich checke mal den Veranstaltungskalender. Vielleicht kann ich die Schriftstellerin ja für passende Veranstaltungen anmelden, wo sie schon mal so ein bisschen in den Literaturmarkt hineinschnuppern kann...“

Fragen Sie die innere Sekretärin, was sie zu den vielen roten Häkchen meint, die sie sammelt, wird sie sagen: „Wir lassen uns hier nicht verrückt machen. Ich bin hier bei der Arbeit und nicht beim Sprint. Und außerdem haben wir schon eine Menge Haken auf der grünen Liste. Da fehlt gar nicht mehr so viel!“

Und wenn Sie schon dabei sind, gucken Sie doch gerne mal nach, wen Sie noch so in ihrem inneren Team finden. Vielleicht ist da auch eine verrückte Verkäuferin dabei, die sich für Ihr Manuskript ans Telefon hängt und echte Gespräche mit echten Menschen führt und dabei das Manuskript pitcht? Oder eine Diplomatin, die die Beziehungen auslotet, die sie näher an einen interessanten Verlag führen können? Man kennt mehr Menschen, als man auf den ersten Blick so weiß. Und die meisten möchten gerne hilfreich sein, wenn Sie die Idee Ihres Buches mögen. Wen gibt es noch in Ihrem Inneren? Eine Angeberin, die schamlos vom eigenen Manuskript schwärmt, eine schüchterne Bittstellerin, die nur andeutet, es gäbe da vielleicht etwas... Was auch immer, wie auch immer: Spielen Sie Ihre Möglichkeiten aus und es werden sich neue ergeben.

Die grüne Häkchen - Liste

Was die innere gute Mutter mir sagt, wenn ich mal zweifle.

Das Allerwichtigste zum Schluss – und es gilt nicht nur für das Schreiben: Freuen Sie sich an Ihrem Talent und Ihrer Lust, es zu leben. Und lassen Sie sich nie, von niemandem sagen, es wäre nichts oder wenig wert, solange nicht ein Buch im Regal daraus würde.

Ihr Schreiben ist Ausdruck Ihrer Kreativität und Lebendigkeit, es ist vielleicht das Schönste, das Ihnen geschenkt wurde. Schützen Sie es vor bösen Blicken, Neid und anderer Leute Zweifel. Es gehört Ihnen und es gehört vor allem zu Ihnen.

Menschen, die mit Liebe und Leidenschaft ihren Talenten folgen, haben immer schon gewonnen, wenn sie sich dem Prozess hingeben. Sie dürfen gerne auch immer besser werden, weil Sie Wissen sammeln, sich Unterstützung suchen, dazu lernen und eigene Fehler überwinden. Wenn später ein kommerzielles Produkt daraus entsteht, dann ist das auch gut, natürlich. Und wenn Sie soviel mit dem Schreiben verdienen wollen, dass Sie davon Ihre Lebenshaltungskosten bestreiten wollen, dann müssen Sie sich früher oder später mit den Gesetzen dieses Marktes auseinandersetzen. Sie dürfen finanziell so erfolgreich werden, dass Sie eine Stiftung für Literatur gründen können oder ständig angequatscht werden, ob Sie nicht „die Autorin von" sind. Das alles darf dazugehören, aber der Prozess muss unabhängig vom Ergebnis bleiben. Es gibt einen Wert in diesem Tun an sich, egal ob Bestsellerautorin oder heimlicher Haiku-Dichter. Aber diese oft gestellte Frage „Kannst du davon leben?", die allein auf den kommerziellen Erfolg und das Ergebnis abzielt, dürfen Sie gerne frei in Ihrem Sinne beantworten. Ich sage dazu: „Man muss von seinem Leben leben können, nicht nur von seinem Beruf."

er sah ein, daß ihre Anwesenheit auf
gen der Aktion nur gefährdet hätte.
tel hatte sich Ze
zweifeln, ob er
Tina und
och gegen vier
hupte er endlich ein
or. Die Köchin öffnete ihm und er sti
Junge endlich zurück?“ schrie er
gangen“, hörten sie die Köchin sage
nn sie jetzt weggehen, wieso, wohin
ß es nicht. Aber zwei junge

Die Autorin Alexandra Lüthen

Ich bin nicht nur gut im Schreiben, ich bin auch gut in Krisen.
In meiner Coachingpraxis „Goldlösung“ unterstütze ich Klient:innen, Lebenskrisen zu Wendepunkten werden zu lassen und individuelle Lösungswege zu finden.
Gleichzeitig ist Goldlösung Coaching auch mein Raum für Workshops, Buch-Mentoring, Manuskriptberatung und alles, was mit dem Schreiben zu tun hat. Und falls Sie gerne mehr mit mir zu tun hätten, dann freue ich mich auf Sie, online, telefonisch oder ganz in echt in Berlin!

Herzlich,
Alexandra Lüthen

web: www.goldloesung.com
instagram: @goldloesung
facebook: Goldlösung Coaching (Alexandra Lüthen)

Impressum:

1. Auflage 2024

Workbook; Schreiben lieben, Schreiben leben

2024 Verlag Herz und Gold, Bopfingen
Lektorat:
Chris Beck, Anja Zindler
Umschlags- und Layoutgestaltung:
Projektteam AG Christiane Köhn-Ladenburger
Covermotiv/Satz:
Christiane Köhn-Ladenburger
Illustration/Fotos:
Projektteam AG; Lisa Speiser,
Christiane Köhn-Ladenburger; istock Getty Images
Druck und Bindung:
Projektteam AG
Printed in Europe
978-3-949656-16-3
www.herzundgold.com

workbooks

Neues auszuprobieren - voller Freude, seine eigene Kreativität zu entdecken, zu fördern und auszudehnen, das möchten unsere Workbooks bieten. Diese Seite dient der Inspiration, der Erklärung und der Unterstützung. Taucht ein in unsere Welt und erobert neue Teile eurer Phantasie.

Unter: **www.garantiert-inspiriert.de**
Gibt es Filme, Anwendung und viel Inspiration - QR-Code scannen und vorbeisurfen.

Weitere Workbooks